羅門創作大系〈卷五〉

素描與抒情詩

羅門◉著

文史哲出版社印行

國立中央圖書館出版品預行編目資料

素描與抒情詩 / 羅門著. -- 初版. -- 臺北市 :
文史哲, 民84
面 ; 公分. -- (羅門創作大系 ; 5)
ISBN 957-547-945-9(平裝)

851.486 84002951

羅門創作大系 ⑤

素描與抒情詩

著者：羅門
出版者：文史哲出版社
登記證字號：行政院新聞局局版臺業字五三三七號
發行人：彭正雄
發行所：文史哲出版社
印刷者：文史哲出版社
台北市羅斯福路一段七十二巷四號
郵撥〇五一二八八一二彭正雄帳戶
電話：三五一一〇二八
實價新台幣二二〇元
中華民國八十四年四月十四日初版

ISBN 957-547-945-9

誠以這系列中的十本書，做為禮物，獻給同我生活四十年、在創作中共同努力、給我幫助最大的妻子——女詩人蓉子。

每當我讀她的「一朵青蓮」與「維納麗沙組曲」等詩，那是我同其他詩人都無法只靠技巧與文字所能寫的詩——那是在人類高次元的情思世界中、以特有的內在生命機能與心靈纖維，所編織的具體可知、可感、可見的「雅典」「純摯」與「高潔」的情境，蘊含有宗教性的虔誠，在開放的內心感應磁場中，我的感動確實是超越常情與私情的；純粹是站在「詩」與「人」溶合的「天地線」上，所引起的；也不必在此故意隱瞞，因而，我這十本書，便不只是獻給我親愛的妻子——王蓉芷，也是獻給我敬愛的女詩人——蓉子。同時更是獻給所有愛護與關心我的讀者大眾，給我更多的批評與鼓勵，

羅 門

策畫者的話

◉林燿德

規畫這套書的目的，在於呈現羅門四十年來詩與藝術創造世界的完整藍圖。

從一九五四年在紀弦主編的《現代詩》上發表〈加力布露斯〉開始，羅門殫精竭力於建築自己龐碩的精神世界，發展獨樹一幟的「第三自然觀」，不僅以結構嚴謹、氣勢磅礡的詩作享譽於海內外，也在文學的哲學、藝術的批評乃至室內造型設計方面有長久的經營。

在四十年的光陰中，有些出版品早已絕版多時，為了集中展示羅門的精神原貌，提供現代詩研究者及愛好者參考品賞，《羅門創作大系》這種系列式的整編自有其必要。

卷一至卷六等六冊是按主題區分的詩集；卷七集中了關於〈麥堅利堡〉這首名作的迴響；卷八是記錄羅門思想的論文集；卷九是藝術評論集；卷十以匯集了燈屋的造型空間設計以及羅門與蓉子多年來的藝文生活影像。

一九九五年是羅門、蓉子結縭四十周年紀念，這套大系的編印在此時推出，也因而別具意義。

一九九五年三月十四日於臺北

羅門創作大系〈卷五〉

素描與抒情詩 目次

Ⅱ 抒情詩

總序：「我的詩觀與創作歷程」

壹、我的詩觀

一、詩在人類世界中的永恆價值

關於「詩」，這一被認為是人類生命與心靈活動最靈敏、深微、極緻與登峰造極的思想力量；也是人類智慧的精華；甚至被認為是藝術家、文學家、哲學家、科學家、政治家、宗教家乃至「神」與「上帝」的眼睛，那是因為「詩」具有無限與高視力的靈見，能看到世界上最美、最精彩乃至永恆的東西。故曾有不少著名人物讚言過「詩」：

· 孫星衍的《孔子集語集解》說：「詩，天地之心，君德之祖，百福之宗，萬物之戶也。」（太平御覽八百四引詩緯含神霧）。

· 亞利斯多德說：「詩較歷史更有哲學性，更為嚴肅……」「詩有助於人性的倫理化」（顏元叔教授譯的「西洋文學批評史」二二頁與三六頁）。

· 法國詩人阿拉貢說：「詩，不是天國的標誌；詩就是天國。」（我個人早年的讀書筆記）

· 杜斯妥也夫斯基說：「世界將由美來拯救」（張肇祺教授著的「美學與藝術哲學論」

集三一頁）。此處提到的「美」字，使我想到詩將生命與一切推上美的巓峰世界這一看法時，那不就是等於說「世界將由詩來拯救」。

·美前故總統肯迪也認爲詩使人類的靈魂淨化。

事實上，詩在昇華與超越的精神作業中，一直是與人類的良知、良能、人道、高度的智慧以及眞理與永恆的感覺連在一起的，故「有助於人性的倫理化」以及在無形與有形中，「將拯救這個世界」與人類；並使這個世界與人類，活在更美好的內容與品質之中。

誠然在這個世界上，若沒有詩，則一切的存在，都只是構成現實世界中的種種材料，譬如自然界中的山只是山，水只是水，都只是構成「自然界」種種材料性的物體；人的世界中，從事各種行業的人，都只是構成「現實生活世界」有不同表現與成就的各種個體，尚不能獲得其內在眞正完美與超越的生命。這也就是說，若沒有詩，一切存在便缺乏美好的境界；陶淵明筆下的「採菊東籬下」，便像普通人採菊東籬下一樣，只是止於現實中一個有限的存在現象，不會聯想到「悠然見南山」的那種超物與忘我的精神境界，而擁抱到那與整個大自然共源的生命，超越時空而存在；王維也不會在觀看「江流天地外」，正在出神時，進入「山色有無中」的那種入而與之俱化的境界，而擁抱無限。

可見詩是賦給人存在的一種最卓越的工具，幫助我們進入一切之內，去把握存在的完美性與無限性。因此，詩也是使一切進入其存在的「天國」之路，如果這個世界確有眞正的「天國」。我深信，當存在主義思想在二十世紀對生命的存在，有了新的覺醒與體認，對上帝的存在提出質疑，人類若仍堅持信上帝、神與天堂是人類生存所企望與嚮往的世界；是宇宙萬物生命的永恆與完美的象徵，尚可將一切導入永恆與完美的位置——「天堂」，則詩人超越的心靈工作的過程與完成，便正是使一切轉化與昇華到這一類同的世界裡來，還有誰較詩人更具有那種高超特殊的智慧與才能，能確實去執行那眞正存在於人類內心中的華美的「天堂」之工作呢？事實上，一個偉大的詩人，在人類的內心世界中，已被認明是一個造物主，它不但創造了「生命」，而且擴展與美化了生命存在與活動的無限境界，並創造了內心另一個華麗壯闊的精神「天堂」。同上帝的「天堂」相望。

的確，詩人在人類看不見的內心世界中創造了多項偉大不凡的工程：

1. 創造了「內心的活動之路」

詩人在創作的世界中，由「觀察」至「體認」至「感受」至「轉化」至「昇華」的這條心路，不但可獲得作品的生命，而且也可使萬物的存在獲得內在無限美好與豐富的生命。

譬如當詩人看到一隻棄置於河邊的鞋時，經由深入的「觀察」、「體認」與「感受」這條心路，而聯想到那是一隻船，一片落葉，便自然使鞋的存在立即「轉化」且「昇華」爲對內在生命活動的觀照與無限的感知——顯示出存在的流落感與失落感，進而揭發時空與生命之間被割離的悲劇性，而引起內心的驚視與追思，於是那隻沒有生命的「鞋」，便因而變成爲一個具有生命的存在了；又如，當詩人看到一隻廢棄在荒野上的馬車輪，由於他的靈視能超越一般人只能看到的材料世界（只是一隻破車輪），進而透過詩中的「觀察」、「體認」、

「感受」、「轉化」與「昇華」，這一「內心的活動之路」，便深一層看到那隻馬車輪，竟是轉動萬物的輪子，也是一條無限地展現在茫茫時空中的路——從它輪子上殘留下來的泥土看，可看到它通過無限空間所留下的痕跡與聲音，從它輪子上生銹的部份看，可看到與聽到它通過無限時間所留下的痕跡與聲音；當它此刻停放在無邊的荒野上，被詩人望成一種路，這種「路」，便絕非是現實世界中看到的具形與有長度的「路」，而是向內「轉化」與「昇華」爲萬物生命在時空裡無終止地逃奔與流浪的那種看不見起點與終點、也難指出方向的「路」——展示於靈視世界中的「路」，這種「路」，是呑納所有的鞋印輪印以及一切動向與涵蓋千蹤萬徑的「路」，引人類朝著茫茫的時空，走入了深深的「鄉愁」，因而觸及那含有悲劇性與震撼性的存在的思境，獲得那「轉化」與「昇華」過後的更爲深入與富足的存在境界。又如詩人T.S.艾略特面對黃昏的情景，聯想成「黃昏是一個注進痲醉劑躺在病床上的病人」，那便是將「黃昏」這一近乎抽象的時間視覺形態，置入深入「觀察」、「體認」與「感受」中，「轉化」與「昇華」爲具有神態與表情的生命體而存在了，使我們可想見到整個大自然的生命，在此刻已面臨沉落與昏迷之境，而產生無限的感懷；又譬如詩人在面對死亡，寫出了「你是一隻跌碎的錶，被時間永遠解雇了」，詩中「跌碎的錶」，它將去記錄那一種形態的時間呢？詩中的「被時間解雇了」的生命，它將到那裡去再找工作呢？它將是何種形態的生命？沿著內心的追問，我們便的確可聯想到那消失於茫茫時空中仍發出強大迴聲的悲劇性的生命了，因而覺知到「死亡」竟也是一個感人的強大的生命體，這與詩人里爾克筆下

「死亡是生命的成熟」，是一樣耐人尋味了。

又譬如當現代詩人寫下「群山隱入蒼茫」，或寫下「凝望較煙雲遠」，其詩句中的「蒼茫」與「凝望」，原屬爲沒有生命的抽象觀念名詞，但這個名詞，在詩中經過詩人藝術心靈的轉化作用，便不但獲得其可以用心來看的生命形體，而且也獲得其超物的更可觀的存在了。

從以上所列舉的詩，可見萬物一進入詩人創造的「內心活動之路」——由「觀察」至「體認」至「感受」至「轉化」至「昇華」，則那一切便無論是否有生命（乃至是觀念名詞）都一概可獲得完美豐富甚至永恆存在的生命。因而也可見詩人的確是人類內在生命世界的另一個造物主。

2. 詩人創造了「存在的第三自然」

首先，我們知道所謂「第一自然」，便是指接近田園山水型的生存環境；當科學家發明了電力與蒸氣機等高科技的物質文明，開拓了都市型的生活環境，自然界太陽自窗外落下，電氣的太陽便自窗內昇起，再加上「人爲」的日漸複雜的現實社會，使我們便清楚地體認到另一存在的層面與樣相——它便是異於「第一自然」，而屬於人爲的「第二自然」的存在世界了。

很明顯的，第一自然與第二自然的存在世界，雖是人類生存不能逃離的兩大「現實性」的主要空間，但對於一個探索與開拓人類內在豐富完美生命境界的詩人與藝術家來說，它卻又只是一切生命存在的起點。所以當詩人王維寫出「江流天地外，山色有無中」、艾略特寫出「荒原」，我們便清楚地看到人類活動於第一與第二自然存在世界中，得不到滿足的心靈，是如何地追隨著詩與藝術的力量，躍進內心那無限地展現的「第三自然」而擁抱更爲龐大與豐富完美的生命。詩人王維在創作時是使內心與「第一自然」於和諧中，一同超越與昇華進入物我兩忘的化境，使有限的自我生命匯入大自然龐大的生命結構中，獲得無限；詩人艾略特在創作時，是與第一或第二自然於衝突的悲劇感中，使「生命」超越那存在的痛苦的阻力，而獲得那受阻過後的無限舒展，內心終於產生一種近乎宗教性的執著與狂熱的嚮往——這種卓越的表現，它不就是上帝對萬物存在於完美中，最終的企盼與祈求嗎？的確，當詩人的心靈活動，一進入以美爲主體的「第三自然」，便可能是與「上帝」華美的天國爲鄰了；同時我深信，只有當人類的心靈確實進入這個以「美」爲主體的「第三自然」，方可能擁抱生命存在的深遠遼闊與無限超越的境界；方可能步入內在世界最後的階程，徹底了解到「自由」、「眞理」、「完美」、「永恆」與「大同」的眞義，並認明「人」與「自然」與「神」與「上帝」終歸是存在於同一個完美且永恆的生命結構之中，而慧悟湯恩比心目中的「進入宇宙之中、之後、之外的永久的眞實的存在」之境，便也正是無限高超的輝煌的詩境。

當我們確認詩人創造了「存在的第三自然」，事實上也就是說，沒有「第三自然」，詩人便也沒有工作之地了，因爲「第三自然」是確實品管著詩人語言媒體中的「名詞」、「動詞」與「形容詞」是否能達成詩的要求，進入詩的世界。

譬如「窗」、「落葉」、「天地線」等停留在說明中的名詞，經聯想轉化使「窗」成爲是「飛在風景中的鳥」；「落葉」成爲是「風的椅子」；「天地線」成爲是「宇宙最後的一根弦」，方能出現詩。而此刻取代「窗」「落葉」「天地線」而更生的「鳥」、「椅子」、與「弦」，便只能在「第三自然」中出現，被詩眼看見，在「第一自然」與人爲的「第二自然」是不會出現的。同樣的，柳宗元將本應是獨釣寒江魚的「魚」這一名詞，在詩中轉化爲「雪」，寫成「獨釣寒江雪」，則這句詩便非寫給魚老板看，而是給哲學家看，因爲他釣的是整個大自然孤寂荒寒的感覺。當然「雪」這個名詞，既不是「第一自然」山上的雪，也非「第二自然」冰箱裡的雪，便又只能在「第三自然」中出現，被詩眼看見，收留在詩中。

又譬如在視覺世界中我們用「看」這個動詞。當飛機飛在雲上的三萬呎高空，宇宙間神秘無比廣闊無限的景觀與畫面，若只平面用「看」是「看」不出來的，即使進一步用「讀」這一使眼睛有思想與立體視感的動詞，取代「看」，也「讀」不出來，只有以「跪下來看」，方能充份表現出內心對浩瀚宇宙所流露的那種無限虔敬與膜拜的感動之情，讓「跪下來看」的「看」這一動詞，進入N度空間便「動」出那有表情與神態的無限感人的「動」境。而當「看」改成「跪下來看」，也只能在「第三自然」方會出現，被詩眼當做詩的「動詞」收留下來。同樣的，在聽覺世界中，詩人張說寫「高枕聽江聲」用「聽」這個動詞，被大詩人杜甫換上一個也含有聽覺的「遠」字這一動詞寫成「高枕遠江聲」，便造成何等不同的聽覺世界，張說寫的仍停留在散文平面說明的聽感世界——就是睡在枕頭上聽江水流動的聲音；而杜甫以「遠」字取代「聽」「聽」的世界不但隱藏著江水流動的遠近距離感而且尚有景物移動變化的情景以及人陷入往事不堪回頭與茫茫時空中的悵惘之感；如此，聽覺的世界，豈不呈現出立體乃至N度更豐富與開闊的空間。當然這個「遠」字取代「聽」字的聽覺也正是存在於「第三自然」之中，被詩眼看見收留下來的。

再下來如「形容詞」，古詩人寫「白鳥悠悠下」，用「悠悠」這個形容詞，眞是把美的白鳥，不但在飛中送進最幽美且鳴動著音韻的軌道，而且整個過程也美，白鳥也因「悠悠」的形容詞便更美得不可思議了，而這也都是在「第三自然」中被詩眼掃描進來的。如果寫「白鳥飄飄下」，用「飄飄」這一形容的動態，則不但飛的形態散漫不美，並將本來美的白鳥，反而變醜了。當然被詩眼監視的「第三自然」，是不會讓「飄飄下」這樣平庸不美的「形容詞」裝設在白鳥翅膀飛進來的。

的確「第三自然」已被視爲是無所不在的「詩眼」，一方面幫助人類在無限超越的內在世界中，進入美與永恆的探索；一方面監視與品管著詩人手中使用的名詞、動詞與形容詞三個重要的創作媒體與符號。同時「第三自然」所建構的無限廣闊與深遠的心象世界，更是所有詩人乃至所有藝術家永久的故鄉與「上班」的地方。

3. 詩人創造了一門生命與心靈的大學問

譬如科學家面對「海」的存在，是在研究海存在的物理性——海的水質、鹽份、海的深廣度、海的產物、海的四季變化等。而詩人則多是坐在海邊觀海，把海看到自己的生命裡來，把自己的生命，看到海裡去；看到海天間的水平線，便發覺那是「宇宙最後的一根弦」；看到海上一朵雲在飄，便聯想「雲帶著海散步」，悠哉遊哉，畫面便也跟著顯映出王維與老莊來；凝望著海圓寂的額頭，便會聯想到哲人愛因斯坦與羅素等人的額頭；將藍藍的海，看成宇宙的獨目，又倒轉來看人類的眼睛，最多望了百餘年，都要閉上，而海的眼睛，卻望了千萬年仍在望——望著人類的鄉愁、時空的鄉愁、宇宙的鄉愁、上帝的鄉愁；更神妙的，是浮在海上的那條天地線，幾千年來，一直不停的牽著日月進進出出，從未停過；而海也一直握著浪刀，一路雕過來，把山越雕越高，一路雕過去，把水平線越雕越細，此時，難怪王維要把「山色有無中」的境界在詩中說了出來。由此可見詩的確是探索與創造那埋在事物與生命深處的一門奧秘的「美」的學問。

從詩人在上面所提供的多項重大創造中，我們可看出詩的確是使人類與宇宙萬物的存在，獲得一種無限的延伸，一種有機的超越，一種屬於「前進中的永恆」的存在；同時也說明詩人終歸是在「上帝」的眼睛中爲完美與豐富的一切工作的，尤其是當諾貝爾文學獎得主海明威喊出了這是迷失的一代；現代史學家湯恩比認爲人類已面臨精神文明的冬季，則詩人的存在，便更是人類荒蕪與陰暗的內在世界的一位重要的救主了；並絕對地形成人類精神文明的一股最佳且永遠的昇力，將人從物化的世界中救出來，尤其是在廿世紀後現代掀起解構與多元化的理念，導致泛方向感與泛價值觀所形成失控與散落的生存亂象，也更有賴詩在超越與昇華中的開放的視野與統化力，穿越各種變化的時空環境資訊與符號，於「無形中」提供一開放的新的一元性，來協和「心」「物」進入一個新的美的中心，再度在詩所創造的人類內心的「第三自然」世界②呈現人本與人文精神新的形而上性，使世紀末「存在與變化」的飄忽不定的生存現象面的內層，仍潛伏著一種穩定的有方向感的「前進中的永恆」的思想動力，維護人類繼續對生存有信望有意義有理想目標與有內心境界的優質化生命觀。

在廿世紀，我們雖難阻止科技的威勢繼續不斷的向未來不可知的物理世界開展，並具威脅性地佔領人類的人文與心理空間，但機器仍是由人主控的。人不能失去內心空間，屈服於科學的「帝國主義」；沒有詩與藝術，科學會變得粗卑與野蠻。人文思想如果被科技文明擊敗，則人在玩電腦，便也反過來被電腦玩。那時候，人追索的是「機器的兔子」，而非人的生命；人被迫逃離人內在生命的原鄉，這一波鄉愁較都市日光燈望著由田園菜油燈所產生的鄉愁更爲激烈，是故，人不能不醒覺的讓溫潤的詩心與人文思想進駐入機器冷漠的心裡去；也就是在科技創造外在的「玻璃大廈」的同時，更以詩與藝術的心靈，建造起內在世界更爲豪華與輝煌的「水晶大廈」，這樣，既可避免人類成爲追索物質文明的動物與野獸，又可使人類活在有外在花園也有內在花園的理想世界中。

寫到這我想採取較捷便與快速的途徑，在最後重點地摘錄部份我過去寫的「詩話」，來凸現出「詩」在過去、現在與未來，在人類生命存在以及思想與智慧活動的世界中，永遠具有卓越無比的價值。

·作官與做生意的，往往只能使我們在陶淵明的「東籬下」，採到更多的「菊花」，但看不見「東籬外」更無限的「南山」；而詩能夠。

· 詩能將人類從「機械文明」與「極權專制」兩個鐵籠中解救出來，重新回歸大自然原本的生命結構，重新溫習「風」與鳥的自由。
· 詩能將人類與一切，提昇到「美」的顚峰世界。①
· 詩能以最快的速度與最短的距離，進入生命存在的眞位與核心，而接近完美與永恆。
· 詩創造的美的心靈，如果死亡，太陽與皇冠也只好拿來紮花圈了；在我看來，詩已成爲一切完美事物的鏡子，並成爲那絕對與高超的力量，幫助我們回到純粹生命的領地。
· 詩與藝術能幫助人類將「科學」與「現實世界」所證實的非全面性的眞理，於超越的精神作業中，臻至生命存在的全面性的「眞理」。
· 詩在超越與昇華的美中，可使時間變成美的時間，使空間變成美的空間，使生命變成美的生命，使各種學問思想（包括科學、哲學、政治、文學與藝術）在最後都變成美的學問思想。
· 如果說在人類的生存空間內，優良的政治是硬體設備，則詩與藝術便是美好的軟體設備，更值得珍視。
· 古今中外，所有偉大的文學家與藝術家，他們雖不一定都寫詩，但他們不能沒有卓見的「詩眼」，否則在創作中便不可能看到精彩的東西，也不可能卓越與偉大，其實，他們都是不寫詩的詩人。
· 詩是人類精神世界的原子能、核能與微粒子。

· 詩在無限超越的N度空間裡追蹤「美」，可拿到「上帝」的通行證與信用卡。

· 詩是打開智慧世界金庫的一把金鑰匙，「上帝」住的地方也用得上。

· 詩與藝術創造人類內心的美感空間，是建造天堂最好的地段。

· 如果神與上帝眞的有一天請長假或退休了，那麼在人類可感知的心靈之天堂裡，除了詩人與藝術家，誰適宜來看管這塊美麗可愛的地方呢？

· 如果世界上確有上帝的存在，則你要到祂那裡去，除了順胸前劃十字架的路上走；最好是從悲多芬的聽道，米開蘭基羅的視道，以及杜甫、李白與里爾克的心道走去，這樣上帝會更高興，因爲你一路替祂帶來實在好聽好看的風景。

· 詩與藝術不但是人類內在生命最華美的人行道，就是神與上帝禮拜天來看我們，祂也是從讚美詩與聖樂裡走來的。

· 將詩與藝術從人類的生命裡放逐出去，那便等於將花朵殺害，然後來尋找春天的定義。

· 太空船可把我們的產房、臥房、廚房、賬房與焚屍爐搬到月球去，而人類內在最華美的世界，仍須要詩與藝術來搬運。

· 世界上最美的人群社會與國家，最後仍是由詩與藝術而非由機器造的。

· 沒有詩與藝術，人類的內在世界，雖不致於瘂盲，也會丟掉最美的看見與聽見。

· 如果詩死了，美的焦點，時空的核心，生命的座標到那裡去找？

· 「詩」是神之目，「上帝」的筆名。

從上述的這些「詩話」中，我相信不但可看見「詩」在人類生存世界中所凸現的可觀價值，甚至可呼吸到詩在我們人類生命中無比的重要性，離開詩，便事實上等於是離開了那具有豐富、美好內容的「人」與世界。同時也可看出我執著地寫了四十年的詩，仍要堅持下去，是有充份的理由的——寫詩這件具有宗教性的嚴肅的心靈作業，對我已不只是存在於第一層面的「興趣」問題，也不只是玩弄文字遊戲；而是對存在深層價值與意義的追認，令使我以生命來全面的投入與專注的問題。誠然，詩已成爲我企圖透過封閉的肉體存在，向內打開且建立起那無限透明的生命建築。人的生命，在我看來已是一首活的詩：人從搖籃到墳墓的整個過程，是詩的過程；人整個存在與活動的空間，是詩的活動空間；人整個活動的形態，也是詩的活動形態。的確詩能確切地透視與監控著一切在「美」中存在。

二、詩的創作世界

(一)詩創作世界的基本認定

我認爲詩不同於其他文學類型的創作，是在於：

1. 詩的語言必須是詩的，具有象微的暗示性；具有言外之意，弦外之音。

2. 詩絕非是第一層次現實的複寫，而是將之透過聯想力，導入潛在的經驗世界，予以觀照、交感與轉化爲內心中第二層次的現實，使其獲得更爲富足的內涵，而存在於更爲龐大且永恆的生命結構與形態之中；使外在有限的表象世界，變爲內在無限的心象世界。這也正是符合我內心的「第三自然螺旋型架構」的精神運作的基型——也就是將現實的「第一自然（田園）」與「第二自然（都市）」的兩大生存空間，經由心的交感轉化昇華，變爲內涵更富足與無限的「第三自然」的景觀，詩方可能獲得理想與無限的活動空間。同時詩是藝術創作，必須具備下文所論談的高度的藝術性。

(二)詩多向性（NDB）①的創作視點

我主張多向性（NDB）的詩觀是因爲詩人與藝術家是在「自由遼闊的天空」而不是在「鳥籠」內工作的。因爲他拿有「上帝」的通行證與信用卡。故不宜標上任何「主義」兩字的標籤。同時任何階段的現實生存環境，以及創作上出現過的任何「主義」乃至古、今、中、外等時空範疇，乃至「現代」之後的「後現代」的「後現代」……等不斷呈現的「新」的「現代」，對於一個具有涵蓋力的詩人，都只是不斷納入詩人超越的自由創作心靈溶化爐中的各種全面開放的「景象」與「材料」，有待詩人以機動與自由開放的「心靈」，來將之創造與呈現出新的藝術生命。所以詩的創作不能預設框限，不能不採取開放的多向性視點。

1.表現技巧的多向性：

(1)可用由外在實像直接呈現法（以景觀境）。

(2)可用自外在實像作形而上的表現法（以景引發心境）。

(3)可將內心眞實的感知，透過經驗中的實象，予以超越性的表現（透過抽象過程，再現新的眞象世界）。

(4)可自由運用「比」、「象徵」、「超現實」以及新寫實、白描、投射、極簡等技法，乃至電影、繪畫、雕塑等其他藝術技巧，以加強詩的表現效果。

2.內涵世界表現的多向性：

(1)可表現事物在時空中活動的種種美感狀態（其中有人介入；也可無人介入，只是純粹的物態美）。

(2)可表現人在時空中活動的種種美感情境，這方面應偏重。因爲它是對「人」的追蹤。這項追蹤，可在現實的場景，也可在超越現實的內心場景；可採取「大知閑閑」與「小知閒閒」的追法；可追入記憶中的故土；可追入戰爭中的苦難；可追入都市文明；可追入腰帶以上、腰帶以下；可追回大自然……甚至可把眼睛閉上，讓內心漂泊在沒有地址的時空之流上，緊追著那個從現實中超越而潛向生命深處的「原本」的人……。的確，凡是能引起我們內心感知的生命都去追，不必只限定在某一個方位上去追；可把內心擴大到目視與靈視看見有人與生命的地方都去追；甚至那躲在米羅、克利線條與悲多芬音樂中的看不見的「生命」，也不放過去追。這樣才能徹底與全面性地達到詩與藝術永遠的企意：詩人與藝術家應切實的到上帝遼闊的眼睛中，去展開多方面追蹤「人」與生命的工作。基於這一多向性的觀點，我曾經：

一、透過戰爭的苦難——在「麥堅利堡」、「板門店38度線」、「火車牌手錶的幻影」、「茶意」、「TRON的斷腿」、「時空奏鳴曲」、「歲月的琴聲」……「月思」、「

長城上的移動鏡」、「回到原來叫一聲你」、「遙望故鄉」、「炮彈·子彈·主阿門」與「世界性的政治遊戲」……等詩中，追蹤人的生命。

二、透過都市文明與性——在「都市之死」、「都市的落幕式」、「都市的旋律」、「迷妳裙」、「咖啡廳」、「瘦美人」、「都市你要到那裡去」、「方形的存在」、「摩卡的世界」、「車禍」、「提007的年輕人」、「傘」、「玻璃大廈的異化」、「眼睛的收容所」……等詩中追蹤人的生命。

三、透過對死亡與時空的默想——在「死亡之塔」、「第九日的底流」、「流浪人」、「鞋」、「睡著的白髮老者」、「車上」、「看時間一個人在跑」、「誰能買下那條天地線」、「回首」、「出走」等詩中，追蹤人的生命。

四、透過對自我存在的默想——在「窗」、「逃」、「螺旋型之戀」、「天空三境」、「傘」、「存在空間系列」、「有一條永遠的路」、「光住的地方」……等詩中，追蹤人的生命。

五、透過大自然的觀照——在「山」、「河」、「海」、「雲」、「樹與鳥」、「野馬」、「觀海」、「曠野」、「溪頭遊」、「海邊遊」、「晨起」、「飛在雲上三萬呎高空」、「一個美麗的形而上」、「大峽谷奏鳴曲」與「過三峽」……等詩中，追蹤人的生命。

六、此外透過其他的生存情境——在「光穿黑色的睡衣」、「美的V型」、「鑽石的冬日」、「悼佛洛斯特」、「都市的五角亭」、「重見夏威夷」、「餐廳」、「教堂」、「女性快鏡拍攝系列」、「手術刀下的連體嬰」、「海誓山盟」、「漂水花」、「完美是一種豪華的寂寞」、「悲劇的三原色」、「文化空間系列」、「詩的歲月」、「給藝術大師——米羅」以及「給青鳥」等詩中，追蹤著「人」的生命。

的確，從我第一首詩「加力布露斯」開始，三十年來，我是一直在現實或超越現實的內心世界中，透過詩以目視與靈視探望與追蹤著「人」的生命。並且一再強調的說：「凡是離開人的一切，它若不是死亡，便是尚未誕生」。而詩與藝術是創造「生命」的一門學問，凡是遠離「生命」的詩，只依靠知識化與腦思維機件所製作的任何藝術與詩的場景，都難免產生隔層、冷感與不夠眞摯；因爲呈裸在陽光下的綠野，同經設計拍攝出現在電燈光下的銀幕上的畫面式綠野是不同的。這也就是說，在詩的創作中，直接以「生命」進入與以腦製作成知識化的「生命」進入，是不同的。而我特別重視前者，因爲詩人必須將他的生命，送進時鐘的磨坊，去收聽生命眞實的回音，去永遠同人與生命對話，來從事詩的創作。否則，詩與藝術將失去最後的最主要的存在意義；甚至形成有沒有詩都無所謂的念頭。很多詩人都是因此停筆的。

㈢詩語言新性能的探索

1.由於人類不斷生存在發展的過程中，感官與心感的活動，不能不順著這一秒的「現代感」，往下一秒的「現代感」移動，而有新的變化。這便自然地調度詩語言的「感應性能」到其適當的工作位置，呈現新態。否則，便難免產生陳舊感與疏離感。這可證之於年代越靠近三十年代的詩的語言，其疏離感之比例數便越大。

2.詩人能切實把握詩語言新的性能與現代感，即是抓住詩語言「入場券」、靠近「現代人生存場景」的最前排優先的位置，較具有「貼近感」。在此舉個例子：

·「用咖啡匙調出生命的深度」

·「要知道下午　去問咖啡」

·「咖啡把你沖入最寂寞的下午」

顯然的，第一句是相當深刻，但其語言的形態與活動的空間，放在現代越來越偏向「行動化」的急速度生活環境中，似乎是不夠新與不太適切了，那像是六十年代詩語言的貨色；第二句是抓住現代人生存於焦急的行動性以及「問」與「答」的實態，迫近生活自然呈現的實況，語言的呼吸、氣息與節奏，也化入現代人生命活動的脈動與意態之中；第三句，則更直接地向現代生活的「核點」投射，尤其是動詞就採用沖咖啡的「沖」字，既可使語言的動感與動速同現代人生命與機械文明活動的外在環境之動感與動速相一致，又可同古詩「黃河之水天上來」緣發與直感性的詩貌相應對：一是表現古詩人對大自然的直觀情況；一是創造這代人新的生存意境。從上述的三句詩中，可看出詩的語言是一直在追索它的現代感、它新的機能，以便有效地表現一切存在（包括大自然與都市）的新貌；否則停滯在陳舊的狀態中，失去較佳的吸力，是可見的。

(四)詩語言活動空間的擴展與建構

當現代詩人從古詩人偏向一元性自然觀的直悟境界，進入現代偏向二元性與多元性的生存世界；從寧靜、和諧、單純的田園性生活形態，進入動亂緊張、複雜、焦急的都市型生存狀況，接受西方現代科技文明的衝激，以及物質繁榮的生活景觀之襲擊，所引發人類官能、情緒、心態與精神意識的活動，都是以大幅度、大容量與多向性在進行，古詩的形態與「境界模式」，是否能擔任得了現代人龐雜的生存場景與心像活動的新型「舞台」呢？所以我覺得可考慮採取其他藝術的性能來擴展與構架現代詩語言活動的新空間環境——譬如我十四年前便已採用後現代解構觀念在「曠野」詩中，曾企圖使用立體派多層面的組合觀點以及採取半抽象、抽象與超現實的技巧，與「電影中有電影」（就在詩中溶入一首可獨立又可息息相關的詩）多元表現的手法，使詩境內部在施以藝術性的設造過程中，獲得較具大規模與立體感的結構形態，有如大都市建築，所呈現層疊聳立的造型美與展示出多層面的景觀。這樣做，當然是一種偏向於藝術性的構想——試圖把詩的「體態」，進一步當做藝術的「體態」來營造。看來顯已有目前出現的後現代創作的解構形態，再就是在一九九二年寫的二百多行長詩「大峽谷奏鳴曲」更是一首採取多元組合的立體空間架構觀念，企圖跨時空跨國界跨文化與藝術流派框限，以世界觀與後現代解構觀念所寫成的詩。

的確，一個現代詩人能不斷注意與探索詩語言新的性能與其活動新的空間環境，他便是不斷的持有創造性的意念，這一意念，將使所有停留在舊語態中工作的「比」、「象徵」與「超現實」等技巧，必須有所改變與呈示新的工作能力。譬如你在海灘上看到男女穿著泳衣在陽光與海浪中相擁抱，寫出「只有這種抱摟，才能進入火的三圍」。這句詩，在表面上看，是用「比」，其實是溶入了「象徵」與「超現實」的質素而表現的，使詩語言更具行動化且快速地擊中現代人心感世界的著火點。相形之下，五十年代六十年代所用的語言技巧，在此刻看來，都難免吸力與動速不太夠了。因此我認爲做爲一個現代詩人，應有銳敏的「現代感」，去發覺詩語言所面臨的新環境及在創作上所發生的一切可能性，以便運用最確切的語言媒體與方法，展現出具有新創性的世界來。同時我認爲詩人與藝術家面對傳統所採取的態度，絕對的決定了他創作的生命：凡是躲在「傳統」裡不出來的或逃避現代生活現場的詩人，他絕領不到具前衛性的「創作卡」。現代詩人接受傳統是基於本質而非形態的。他最關心的是專一的站在此刻的「我」的位置，去面對整個世界與人類的生命，發出一己具「獨特性」與「驚異性」的聲音，而與永恆的世界有所呼應。他在詩中，不放「長安」與「長衫馬掛」等字眼，照樣可把古詩傳統的質素吸收進去。譬如當我們讀了「江流天地外，山色有無中」、「黃河之水天上來」，與讀了現代詩「你隨天空闊過去，帶遙遠入寧靜」、「咖啡把你沖入最寂寞的下午」，是否發覺它們之間也有某些相同的質素？甚至進一步看出現代詩人站在自己生存的新時空中，穿越「傳統」與「現代」，進入此刻全主動性的「我」的發言「位置」——也就是進入新創性的語言環境，使現代詩不但呈現出異於古詩人的心境，而且也呈現出詩語言同存在與變化的時空相互動所產生的新的形態與秩序感。誠然，一個具有創造力的現代詩人與藝術家應該是有魄力與勇於將「古、今、中、外」溶解入自己這一瞬間的絕對的「我」

之中，去重新主宰著一切的存在與活動，以新的形態出現，並使之同永恆的感覺發生關聯。完美與卓越的事物，最後總是開放給全人類共享的，也絕限制不了它的範圍。因此詩人與藝術家的創作理念，不能不持世界觀。

三、要成為一個真正乃至偉大的詩人

1.他除了有不凡的才華與智慧，以及對藝術盡責外，也應該是一個具有是非感、良知、良能與人道精神的人；如果做爲一個詩人，沒有正義感、鄉愿、顚倒是非。做人都有問題，還做什麼偉大的詩人。

2.他最了解自由，對世界懷有全然開放的心境，擁有遼闊的視野，守望著一切進入理想的世界，他除了關心人的苦難；更廣泛的工作，是在解決人類精神與內心的貧窮，賦給生命與一切事物，以豐富與完美的內容。

3.他不同於賣藝者與雜耍者，是因爲他向詩投資的，是藝術與生命雙方面的。也就是他必須寫出有偉大思想的詩，也同時寫出有詩的藝術思想的詩。前者是詩中具有確實感人的偉大思想；後者是詩中具有確實傑出非凡的藝術表現理念與思考力。若只有前者，將對藝術本身的生命有傷害；若只有後者，將便使詩變成一種高級耍巧的行爲，失去「生命」內涵力的淵博感與偉大感，詩便難免浮面化，甚至淪爲文字的賣藝者，同其他行業的賣藝者，沒有兩樣，而忘掉詩人是往心靈與生命深層世界去工作的藝術家。

4.他必須具有對詩始終執著與嚮往的宗教情懷，不能被勢利的現實擊敗，若被擊敗，詩心已死，詩人都做不成，還談什麼偉大的詩人。

【附　註】

①我所說的「美」，不只是快樂與好看悅目的一切。在詩與藝術的創作中，就是痛苦、寂寞、虛無、絕望、死亡、與悲劇的人生，也潛藏有美感。像詩人波特來爾表現「地獄」陰暗的悽「美」之光，詩人里爾克說「死亡是生命的成熟」，都含有「美」的存在。可見深一層的美，往往是靠深入的心去沉思默想的。

②關於此處提到「第三自然」與「後現代」「世紀末」的相關互動話題，可參照我系列論文集中較詳的論談部份。

③（NDB-NONE DIRECTION BEACON）是我在美國航空中心研習期間，看見的一種導航儀器，叫做「多向歸航台（NDB）」，飛機可在看得見、看不見的狀況下，從各種方向，準確地飛向機場。這情形，頗似詩人與藝術家以廣體的心靈與各種媒體以及高度的技術，將世界從各種方向，導入存在的眞位與核心，這便無形中形成我創作上「多向性」的詩觀。

貳、創作歷程

如果說寫詩，我在中學時代（空軍幼年學校六年制，等於高中），十六歲時，已開始在學校的壁報與校刊上發表過詩作。但那只是由於愛好貝多芬與莫札特充滿了力與美的古典音樂以及也讀一些古詩與翻譯過來的詩，加上我當時又做飛行員的夢……這些都無形中激發我內心對生命產生熱愛與美的顫動力，而自然潛伏著對詩與藝術的喜愛與嚮往。但我並沒有想會做什麼詩人，因爲我的未來是飛行。

至於我開始步上詩創作的路，那是在我進入空軍飛行官校，代表空軍打足球傷腿，離開空軍到民航局工作，於民國四十三年認識早已聞名詩壇的女詩人蓉子，在她詩情與愛情的雙重激勵下，才開始認眞的寫起詩來的。

我的第一首詩「加力布露斯」，於民國四十三年被紀弦先生以紅字發表於「現代詩」季刊封底，確引起詩壇的注目，曾有些詩友戲言：「羅門你第一炮就紅了」。後來連續在覃子豪先生主編的「藍星」詩刊上發表不少長短詩，接著在民國四十四年四月十四日星期四下午四時，與女詩人蓉子在禮拜堂結婚，覃子豪先生特在公論報副刊的「藍星詩週刊」上，以整版刊登他本人以及名詩人鍾鼎文、彭邦楨、李莎、謝菁等人的賀詩，並在婚禮上由詩人紀弦、彭邦楨與上官予等分別朗誦，紀弦先生並特別朗誦我的「加力布露斯」，確爲婚禮帶來不少詩的光彩。覃子豪先生更在婚禮專刊上，讚譽我們為中國詩壇的勃朗寧夫婦，成為佳話。直到現在。

這些慰藉與鼓勵在當時，加上蓉子婚後的溫情與彼此的互勉，我便在詩神的安排下，以無比的狂熱與浪漫的激情，不停的創作，並成為藍星詩社的仝人，以及後來主編藍星詩刊、年刊，與自民國六十五年（一九七六）起，擔任藍星詩社社長，直至目前。

回憶四十三年（一九五四）我以第一首詩「加力布露斯」，步上詩壇。當時在詩中對生命、友情、愛情與理想的追求，寫著『加力布露斯！你的聲音就在風中嗎？你的視線是否在陽光裡……如果你回來時，我已雙目閉上，那時心會永遠死去，黑夜會在白晝裡延長，海洋也會久久的沈默，你知道歲月之翼，不能長久帶引我，在生命的冷冬，我會跌倒於無助之中……』以及在「啊！過去」詩中，對時間的感懷：『……你！過去，我心底往日的遊地……。在不同的追路上，昨日是你，明天是我，唯有時間的重量，才能把我推倒後，帶交給你，而那時，我是陷在長久無夢的沈睡之中，心是一無所感了……』；在「寂寞之光」詩中所流露的戀情：『……在無光的冬夜，我這裡通明溫馨，刻刻等你，我已熟悉你來時踏響我心的樓梯之音，如造訪的馬車的蹄聲，擊亮我深居的幽靜的庭園……』；在「海鎮之戀」詩中所表現的童時的憶念：『那海鎮，如南方巨人藍色寬邊帽上的一顆明亮的寶石，我童時的指尖，曾捕捉它的光輝……』……等這許多三十多年前想像力頗為任放與感性頗具沖激性的語言，都可說是道道地地的偏於浪漫詩的抒情傾向；在當時，雖也偶爾寫出一些相當單純與清晰的意象詩，如「小提琴的四根弦」詩中，對人生歷程的刻劃所寫的：『童時，你的眼睛像蔚藍的天空；長大後，你的眼睛像一座花園；到了中年，你的眼睛像海洋多風浪；晚年來時，你的眼睛成了寂寞的家。』……。然而在整體上看來，那時期我詩的語言，很明顯的，是處在浪漫詩的階程。或許「加」詩中的「你的聲音就在風中嗎？你的視線是否在陽光裡」已多少含有超現實的意味與感覺。直至四十七年（一九五八），「曙光」詩集出版的那一年內，連獲藍星詩獎與中國詩聯會獎等兩項獎後，才算是結束了我浪漫時期的作品。

四十九年（一九六〇），完成了長達一百多行的「第九日的底流」，詩中對生命與時空所激發出的回音：『……常常驚異於走廊的拐角，如燈的風貌向夜，你鎮定我的視度……當綠色自樹頂跌碎，春天是一輛失速的滑車……當晚霞的流光，流不回午前的東方，我的眼睛便昏暗在最後的橫木上，聽車音走近，車音去遠……』。這些語言，顯已把「曙光」時期浪漫情思外射的紅色火焰，向內收歛，而冷凝與轉化成爲穩定與較深沉的藍色火焰。從此也開始走進抽象與象徵乃至含有超現實感覺等表現的路途上來了，當然，在另一方面，由於個人情思世界，隨著歲月而深廣，語言所經營的精神深廣度，便也不能不加強。尤其是當現代詩與現代繪畫，都正熱中於透過抽象過程，去深一層觸及內心的眞實。所以緊接著這首長詩之後，我五十年（一九六一）到菲律賓去訪問，寫了一首「麥堅利堡」，表現第二次世界大戰，死在太平洋中的七萬美軍的悲慘情景，因思想性的加強，語言的功能與活動的趨勢，便也加強。於是一種偏向於現代藝術表現主義的技巧，便自然的潛進「麥」詩中來。如詩中的『戰爭！坐在這裡哭誰，它的笑聲，曾使七萬個靈魂陷落在比睡眠還深的地帶；……太陽已冷，星月已冷，太平洋的浪，被炮火煮開也冷了……，血已把偉大的紀念沖洗了出來……，你們是不來也不去了……太平洋陰森的海底，是沒有門的……』。這首詩後來被國際UPLI詩組織譽爲近代的偉大之作，頒獲菲總統金牌，確對我創作帶來一些激勵作用，使我也大膽地將詩推入更深廣的精神層面。

此後，在「都市之死」一百多行的長詩中，對現代都市文明進行透視所做的批判：『人們用紙幣選購歲月的容貌……，在這裡腳步是不載運靈魂的……凡是眼睛都成爲藍空裡的鷹目……，人們在重疊的底片上，再也認不出自己……，沉船日，只有床與餐具是唯一飄在海上的浮木……，一具雕花的棺，裝滿了走動的死亡……』與在「死亡之塔」將近三百行的長詩中，對生命與死亡所發出的感慨：『你是一隻跌碎的錶，被時間永遠解雇了……，用右腳救起左腳，總有一隻腳，最後成爲碑，成爲曠野的標記……，當封在彈疤裡的久遠戰場，被斷臂人的尼龍衣裹住，我們即使是子彈，也認不出傷口……，當棺木鐵槌與長釘，擠入一個淒然的音響，天國朝下，一條斷繩在絕崖上……，鋸木聲叫著鳥，火焰叫著煙流，煙流叫醒域外，在域外，連歸雲都睡著了……』以及一些脫離了浪漫抒情時期的短詩：

·如「彈片·TRON的斷腿」詩中表現戰爭冷酷的一些詩句『一張飛來的明信片，叫十二歲的TRON沿著石級走，而神父步紅氈，子彈跑直線……，當鞦韆昇起時，一邊繩子斷了，整座藍天便斜入太陽的背面……』

·如「車禍」詩中表現都市文明冷漠面，寫的一些詩句『……他不走了，路反過來走他，城裡那尾好看的週末仍在走……』

·如「迷妳裙」詩中，表現現代都市生活銳利的官能反應與特殊的視覺經驗，寫的一些詩句：『裁紙刀般，刷的一聲，將夜裁成兩半……』

·如「流浪人」詩中，表現現代人被冷酷的時空與都市文明放逐中的孤寂與落寞感，寫的一些詩句：『被海整得好累的一條船在港裡，他用燈栓自己的影子，在咖啡桌的旁邊，那是他唯一隨身帶的動物，而拉蒙娜近得比什麼都遠……，他帶著隨身帶的影子，朝自己的鞋聲走去，一顆星也在很遠很遠裡，帶著天空在走……』等，都不難看出我自四十七年拋開浪漫詩風過後，是急速且不斷地向現代新的生存層面、新的心象活動世界，去探索與極力塑造那具有「現代感」、「現代精神意識」以及至爲繁複、尖銳與具強大張力的意象語。我甚至相信強有力的意象語，是精神與思想的原子能，能在人類心靈中，產生無比的震撼力。

就因爲這樣，在那時期，我繁複的意象語，便也像是油井一樣，不可抑制的到處冒開來，形成我個人詩語言特有的氣勢與形態。詩人兼詩評家陳慧樺教授，曾評我當時的詩時說：「讀羅門的詩，常常會被他繽紛的意象，以及那種深沉的披蓋力量所懾罩住……，不管在文字上、意象的構成上等等，羅門的詩，都是最具有個性的。他的詩，是一種龐沛的震撼人的力量，時時在爲『美』工作，是一種新的形而上詩……」①；一位在政大任客座的美籍教授詩人高肯博士（W.H.Cohen）說：「羅門是一位具有驚人感受性與力量的詩人，他的意象燃燒且灼及人類的心靈，我被他詩中的力量所擊倒……」②詩評家蕭蕭在文章中說：「羅門的詩，有強大的震撼力，他差遣意象確有高人一等之處」③；於不久前，詩評家張漢良教授更進一步的說出：「羅門是臺灣極少數具有靈視的詩人之一，他寫反應現代社會現象的都市詩，是最具有代表性的詩人……」④。上面這些對我激勵的話，都可說是對我自四十七年（一九五八）之後全面地投入「現代型」的心象世界，去探索與創造那具有現代感與獨特性的詩的語言世界，所產生的迴響。的確在語言探索與創造的漫長的旅途上，面對著的挑戰與體認，是夠多且不斷地發生的，嚴肅而深具意義。

當我從「窗」詩中的「猛力一推，竟被反鎖在走不出去的透明裡」這一現代型悲劇所形成潛在性的自我意識之困境，衝出去之後，「東方」與「中國」，在我心靈深處所潛伏的和諧的一元性自然觀，於經過現代西方文明二元性的生存觀之強大沖激，所產生的變動與蛻化，確實使我有所頓悟與產生不凡的意義：㈠東方與西方的文化，在現代，已非孤立與相排拒的存在；而是彼此不能不相互地吸取彼此的精華，去面對全然開放性的無限創造的境域。事實上也是如此，國際上兩位被公認的西方大雕塑家布朗庫斯與亨尼摩爾，便是吸取了東方的和諧感與圓渾感；同樣的，我國當代在國際上享譽的趙無極與林壽宇兩位畫家，也都吸取了西方在創作上的新觀念。這足可證明人類具創造力的「腦」與「心」，是絕不會去拒絕世界上所有美好的事物的。於是我覺得我那句詩工作的位置，對我來說，是有啓示的。它既不是重複陶淵明「悠然見南山」的自然觀；也非受制於西方理知與機械文明所分解的思考世界，而是站在東西方二大文化在「現代」的沖激中，企圖抓住人存在於原本中的精神實態與實境。這種歸向「人本」的緣發性與靈悟性，仍應是偏向於東方文化探本朔源的範疇，但它畢竟是從「現代」的位置，以新的形態與意涵偏過去的，於詩的創作精神世界，應有創新的意義的。

(二)使我更有信心去面對與不斷發覺語言的新境域；而且確信語言的新境域，又將不斷更新詩表現技巧中的手法——諸如象徵與超現實以及直敘白描等在創作中產生變化與呈現新態。譬如上述「窗」詩中的那句詩，不就在藝術表現中，呈示不同古詩乃至以往新詩的超現實的表現嗎？就是在使用比的手法中，蘇東坡的「好風似水」，固然比得很好，但做為一個現代詩人，在不同的時空中，對事物的觀察與思考，難免有不同的角度。於是當我在詩中寫「落葉是風的椅子」這樣的「比」時，是否因語言多加進了一個夢太奇掃描的「動感」鏡頭，便也因此在工作中增加效果呢，可見詩人對語言與技巧的探索與運用，是順乎詩人的心象，在不同的生存處境中活動，而不斷有新的發現與創見的。

綜觀全集，不難看出我在語言探索與創造的旅程上所努力與探求的方向：

1.我的「語路」一直與我的「心路」永遠並行——這也就是說我的語言是我的生命通過「現代」的時空位置，對人存在於「都市」與「大自然」兩大生存空間所遭遇到的「生死」、「戰爭」、「自我」、「性」與「永恆」等重大生命主題予以對話與沉思默想，所發出一己的獨特的聲音；同時也更企求這聲音，必須與人類存在的生命相呼應。

2.強調語言的「現代感」與個人獨特風格的建立——也就是說，我一方面在力求語言能進入現代官能與心態活動的新境與前衛的位置去工作；一方面更力求一己的語言在工作中的獨特性與新創性。

3.從「曙光」的浪漫抒情，到「第九日的底流」、「死亡之塔」、「隱形的椅子」、「曠野」、「日月的行蹤」、「停上呼吸在起跑線上」、「有一條永遠的路」、「與誰能買下那條天地線」……等詩集，偏向於現代人繁複的心象活動所做的象徵、超現實、投射與直敘的表現，以及近年來，不少詩中採取較平易與明朗（但仍強調其深度與密度）的語路……都大致可看出我語言的走向——是由早期想像任放與較淺明的直敘的語態（如上面列舉「曙光」時期的詩例）；轉變爲中期意象繁複繽紛複疊與較深入的悟知語態（如上面列舉「曙光」時期以後的詩例）；再就是後來大部份詩的語言，都盡力走上『有深度的平易性』、『穿過錯雜的直接性』與『透過繁複的單純性』等的語路。

如在「晨起」詩中的語句：「站在頂樓／一呼吸／花紅葉綠天藍山青……，此刻要是不飛／鳥那裡來的樣子」。

「茶意」詩中的語句：『……整個視野靜入那杯茶中，歲月睡在那裡，血淚也睡在那裡，……沉在杯底的茶葉，全都醒成彈片，如果那是片片花開，春該回，家園也該在……』。

「賣花盆的老人」詩中的語句：『他推著一車歲月，擺在巷口賣，坐在盆外，他也是一隻空了卅多年的老花盆，直望著家鄉的花與土……』。

「日月的行蹤」詩中的語句：『獨坐高樓看雲山，山看你是雲，雲看你是山。山坐下來，連著地；雲遊起來，伴著天！』。

「海邊遊」詩中的語句：『……涉水時，雙腳是入海的江河，嘩然一聲藍，雙目已飛起海天的雙翅……。歸帆把黃昏運回岸邊，拋下一束沉寂，只有東南西北站在那裡偷看……』。

在「車上」詩中的語句：『張目是風景，閉目是往事，一回首，車已離地去，身在雲裡，夢在雲外……凝望溶入山水，山水化爲煙雲，煙雲便不能不了，事情總是這樣了的』。

在「摩托車」詩中的語句：『一條揮過來的皮鞭，狠狠的鞭在都市撒野的腿上……』。

在「溪頭遊」詩中的語句：『山在雲中走，雲在山裡遊，你是山，也是雲。雲遊，千山動；雲靜，山已睡了千年……。林鳥穿過千樹，碰碎滿山的青翠，滴滴落入泉聲，是誰在彈古箏』。

在「觀海」詩中的語句：『飲盡一條條江河，你醉成滿天風浪；浪是花瓣，大地能不繽紛；浪是翅膀，天空能不飛翔，浪波動起伏，群山能不心跳……』

在「曠野」詩中的語句：『你隨天空闊過去，帶遙望入寧靜……，鳥帶天空，飛向水平線；人帶護照，逃往邊界；你帶煙雲，返回原來……』

在「漂水花」詩中的語句：「我們蹲下來，天空與山也蹲下來」。

從這些抽樣性例舉的語句中，可看出我目前語言的走向，的確是除了強調語言的現代感與新意；便是往較明朗、直接與單純但堅持精神深度與質感的方向發展，如前幾年寫的「傘」中，更是企求語言以「平易」、「自如」的「直敘」形態與勢能，進入詩中非常具有「現代感」與「行動化」的四個實視空間去工作。這四個實視空間，便是相關連、緊緊扣在一起發展的——「現實中的實視空間」、「記憶中的實視空間」、「超現實中的實視空間」與「禪悟中的實視空間」，茲將「傘」詩列舉於後：

他靠著公寓的窗口
看雨中的傘
走成一個個
孤獨的世界
想起一大群人
每天從人潮滾滾的
　公車與地下道
裹住自己躲回家
　把門關上

（現實的）
（記憶的）

忽然間
公寓裡所有的住屋
全都往雨裡跑
直喊自己
也是傘 ——超現實的
他愕然站住
把自己緊緊握成傘把
而只有天空是傘
雨在傘裡落
傘外無雨 ——禪悟的

這首詩，很明顯是運用白描直敘、以及生活口語化與行動性的語言，所構成一潛藏在語言滑動平面下的立體空間，以表現出現代人生活在現代都市與內心深處至爲嚴重的孤寂感。可見我是想把過去緊密的意象語，鬆開來，再度以看不見但較前更大的內壓力，緊緊抓住對象的要害。

從上面一連串闡述我詩語言在發展過程中，所遭遇、面對與呈現的，大致可看出我除了強調「現代感」（因「現代感」含有創作的三大卓越性——「創新性」、「前衛性」與「震撼性」）外，也注意到吸取古詩有機的質素與精華，尤其是它的精純感與緣發的直敘性，如：「克勞酸喝得你好累」、「刷的一聲，把夜裁成兩半（迷妳裙）、「張目是風景，閉目是往

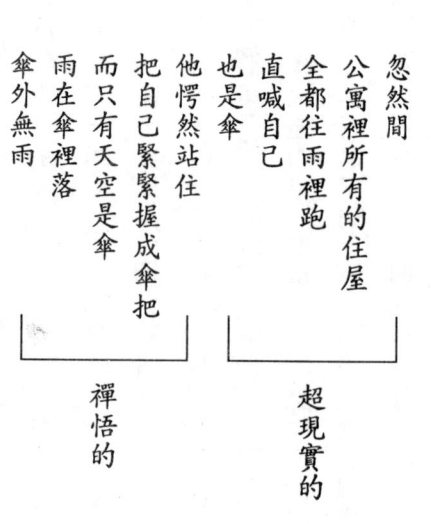

事」、「猛力一推，竟被反鎖在走不出去的透明裡」、「逃是鏡中的你」、「鳥不在翅膀上，天空的上面是什麼呢？」、「雲帶著海散步」、「往事把車窗磨成一片朦朧」、「窗是飛在風景中的鳥」、「蹄落處，花滿地；蹄揚起，星滿天。」、「浪來天更高、浪去天更遠」、「海握著浪刀，把山越雕越高，把水平線越雕越細」、「涉水時，雙腳是入海的江河」……等都可說是已多少吸收了古詩的某些精華，並以開放的心境接受西方現代藝術思潮的影響，而全然轉化到具有我個人特殊風貌的創作世界中來，這也是我一直堅持的創作觀點，那就是：『做爲一個現代中國詩人與作家，他首先必須是中國人，同時必須是現代的中國人，也必須是關心到全人類的現代中國人，最後更必須是他不斷超越中的獨特的自己。』

此外，我想順便說的，是在我的詩選集中，有兩首詩是以詩來寫詩論的詩：「門與世界與我的奇妙連線」一詩，是寫論詩的奇妙的想像力；「山的世界」一詩是寫構成詩世界中的「意象」、「語言」與「結構」等三大主要支柱。至於「古典的悲情故事」、「後現代A管道」、「在後現代都市裡各玩各的」、「世紀末病在都市裡」以及「長在後現代背後的一顆黑痣」等詩，那是針對後現代目前的生存環境與藝文空間普遍產生的盲點，而以後現代詩的創作意識與形態，批評在泛價值觀與泛方向感裡已形失控、飄忽搖擺的後現代現象。並且在「有一條永遠的路」那首詩中，堅信人類創造的智慧，仍是帶有歷史感與深層的價值意義，永遠走在「前進中的永恆」的途徑上，繼續對人類在目前所呈現的後現代思想，尤其是後現代創作思想可能或已經偏向於「存在與變化」的低層次「消費文化思想」性格，提出警示與防範。因爲「前進中的永恆」，既可包容「存在與變化」，又可將之提昇入思想高層次的具有持續性（就永恆性）的存在與活動的境域，同思想家湯恩比的進入宇宙之中之後之外的無限眞實存在的精神世界有通連與交會。因此可見後現代以及未來的後現代的後現代，在「前進中的永恆」的詩創作無限地存在下去的精神思想的途徑上，都只是許多階段性的過程；而只有能確實通過階段性的過程，進入「前進中的永恆」的境域，方是一個詩人與藝術家以高度智慧從事人類精神文明事業的終極企求與目標。

最後，我想在此特別感謝文史哲出版社彭正雄先生，在嚴肅文學趨向極度低潮的時刻出版我創作的系列書。他付出的心力與這股盛情，我除了感激，更對他偏重文化不以營利爲主、從事出版事業所表現文化人的高度素養與品格表以敬佩。當然更使我終生難於忘懷的是女詩人蓉子，他四十年來相處，給於我生活中的慰勉與諧和以及安定感，使我能專一的投入詩與藝術的創作世界。如果我的努力確實獲得某些理想的成就，則我對蓉子的感謝，便多出了一種感恩的心情。

附語

在詩創作世界藝術表現的馬戲團裡，有各項表現。

(1)有人抱著感情，又歌又唱，又跳又舞，以綜藝的普通演技與格調，娛樂觀衆。

(2)有人以遊戲方式，玩耍撲克牌，手法明快靈巧，過程也精彩美妙，可說是十足的耍巧，如果比做拉小提琴，技巧到家，但弓只拉在提琴的弦線上，沒有拉心靈中的琴線。

(3)有人耍魔術，或把躺著的人，以遮眼法浮昇到空中，眞是魔幻般，使觀衆又迷又信又幻，稱好叫絕。但過後大家都猜疑甚至確定它不是眞的。或把人裝在箱裡，用鋸將箱子上下左右的猛鋸，最後人仍活著出來。過程雖然步步驚魂，但終是一場「製作」的虛驚。這兩種耍法，設計構想、手法都相當高明，令人嘆爲觀止，然而「藝術」的生命與「人」的生命，並沒有眞的接觸，再耍下去，還可加進科幻，增加效果。

(4)有人揮著鞭舞獅弄虎，在可見且帶驚險的現實距離裡。人與獸的對決，於技巧進行的過程中，是有驚心動魄的「眞」的生命介入的，其中也含有較高的代價與保險性，給觀衆在「技巧」之外，自然多出一層對人與生命的眞實關懷。唯一不夠理想，是與事實（現實）的距離過近。

(5)有人爬上「形而上」的高空，將眞的「生命」與「技巧」溶爲一體表現「高空飛人」。

過程中秒秒的「驚視」，始終是跟著活的「生命」起伏的。更有人進一步，走在懸在生與死兩崖間的高索上，上是高高的天空，下是死亡的深谷，周圍寂靜無聲，觀衆屏息呼吸在看，但看不見「花巧」的技巧，只看見驚目驚心的走索人，步步驚魂的走在他不能沒有的更高強的「技巧」中。而技巧雖也令人注目，但在注目中，更令人感動與震驚的，是帶著「技巧」一起走的走索「人」。如果將「電動玩具人」換掉肉體人在高索上走，情況便立即變化，絕引不起這樣強大的震撼效果，至多只產生⑵與⑶項「把玩」的一些驚奇。

在上述的五項藝術表現裡，我所選擇的，比較傾向於第⑷與第⑸兩項，於採取接近現實層面作業情況時，偏用第四項；於採取超越現實的「形而上」作業時，則用第五項。均因爲我說過：「離開人的一切，若不是尙未誕生，便是已經死亡……我寫詩，不只是爲創造一些美的形式與方法，更是企求人與自我的生命，也必須在那美的形式與方法裡邊」。因此，我向詩創作世界投資的是「生命」與「藝術」雙方面的。；既不是單向走「爲藝術而藝術」的路，也非單向走「文以載道」的路；而是將「藝術」與「存在的一切生命」，送入我受詩眼監視的「第三自然」世界，去溶合成「美」的生命思想與美的精神境界，所呈現出詩的藝術作品。我之所以採取這樣的看法，是因爲如果詩只是爲藝術而藝術，只屬於一種高級的文字技巧與遊戲，那同打球、下棋與耍魔術的有什麼不同呢？如果詩只是偏重「文以載道」，排拒詩高度的藝術性，那大可去寫道德經、方塊專欄以及散文乃至其他文章，何必寫詩？

至於我將四十年來的詩作，構想彙編成這一系列的詩集，同上述強調詩必須對「人」與

「生命」存在，做深入的探索與沉思默想的觀念，是至爲相關的，因爲人做爲詩人之前，他必須也是一個通過時空、接受人所面臨存在中的「戰爭」、「都市文明」、「自然觀」、「自我、時空、死亡」以及情愛與其他事物……等重大思想主題不斷挑戰的人，便也難免對這些不同的重大思想主題，分別在詩中進行著不同的對話與發出不同的聲音。並自然形成各個不同的思想活動區，而也自然帶來我構想出這一以詩爲主的系列書的適當理由與動機。

【附註】

① 見一九七一年「藍星年刊」陳慧樺教授寫「論羅門的技巧一文」。
② 見一九七一年「藍星年刊」一〇七頁錄用高肯教授的評語。
③ 見詩評家蕭蕭在一九八〇年故鄉出版社出版的「中國白話詩選」中寫的「心靈的追索者——羅門」一文。
④ 見一九八七年五月一日出版的「中外文學」雜誌，張漢良教授寫的「分析羅門的一首都市詩」。

前　言

帶著詩的搜瞄鏡，通過人與物紛陳錯綜的現實社會生存環境，總難免留下一些較特殊的生命影像在鏡頭裡。

這許多影像，該如何去凸現？當現代詩與現代藝術特別强調表現不可見的世界。於是經過不可見的抽象程序、再現新的可見的具象表現時，這中間在創作理念中，又冒出立體（CUBISM）與新造型（NEO-PLASTICISM）觀念。因此「影像」的塑造，便不能不跳開塞尙印象派（IMPRESSIONISM）以前所採取的「照相」平面寫實模式；而必須多少有所改變，使用「新寫實（NEW REALISM）與抽象表現主義（ABSTRACT EXPRESSIONISM）」的觀點，以使具體的影像，在詩的表現過程中，產生新穎性與立體感的藝術效果。

至於情詩系列，如果將「情」中所容涵的「愛」，延伸到對生命、對生存時空與宇宙萬物的開闊境域，則我全部系列的詩，都可直接或間接的納入廣義的情詩之中。但畢竟在一般習慣上的解釋，情詩要寫的對象，仍然是直接或間接都必須同「愛人」有關。

像這樣，我收到系列中的情詩；幾乎都是寫給婚前婚後的女詩人蓉子。理由是她在我幾十年來詩與藝術生活的內心世界中，一直是我最親近最親密與尊敬的人——她有一顆愛詩、愛人類、愛大自然與愛主的虔誠的善心；同時詩壇與文壇的詩友文友對她為人都大多留下溫和、寬厚、謙遜以及與世無爭的好印象，當然她年輕時也美過，在現實生活上，也與我分勞，使我可隨心所欲的去創作……，這一切都的確在歲月中，留下難忘的印象而且深深的感動我。我曾一再在文章中說：「如果我在詩創作的世界裡，確有一些好的成果，我必須在心中感激兩個人，一個是樂聖貝多芬，他不分國界，將「美」與「力」兩樣最寶貴的禮物，送入我年輕的生命，使我日後澈底了解到詩與藝術永恆不朽的力量；一個便是女詩人蓉子——我的愛妻，她與我在詩中共同生活了近四十年，她善良的心地、和靄的性情以及對我的慰勉，使我在平日生活與緣自內心激越的意識與情緒活動中，獲得相當的平衡力與安定感，有助於我詩與藝術生活順利的展開……」。

因而，我的情詩系列，幾乎都是為女詩人——蓉子而寫，情形雖較特殊，但也是很自然的事；同時，這一系列詩，也可說是我畢生對她表示由衷的感激之情。

I 素描詩

流浪人

被海的遼闊整得好累的一條船在港裏
他用燈栓自己的影子在咖啡桌的旁邊
那是他隨身帶的一種動物
除了牠　安娜近得比什麼都遠

椅子與他坐成它與椅子
坐到長短針指出酒是一種路
　空酒瓶是一座荒島
他向樓梯取回鞋聲
　帶著隨身帶的那條動物
讓整條街只在他的腳下走著
一顆星也在很遠很遠裏
　帶著天空在走

明天當第一扇百葉窗
　將太陽拉成一把梯子
他不知往上走還是往下走

一九六六年

女性快鏡拍攝系列

一、瘦美人

她站著
一根直軸
把眼球與地球一起轉
　　　　直到她走動

她走動
一縷飄煙
把曠野幽美的臥姿
　遠方溫婉的睡態
　　都先描了出來
　　　等著她臥下

她臥下
一條水平線　游在海上
擺盪成曲線　是江
起伏成弧線　是月
伸展成直線　便月湧大江流

二、老牌式主婦

在產房
　廚房
　臥房
她走進走出

乳嘴咬去她三分之一
菜刀切去她三分之一
剩下的　用來繡繡
　　愛鳳床單

三、標準型風塵女郎

風來
雨去
花開
鳥鳴
她是最野的
原野
南來
北往
峯迴
路轉
她是不限速的
高速公路
其實說什麼

都不是
她只是那野得
非常危險的
原始

四、BB型單身女秘書

替公司
記下客户要的貨色
與交貨時間
她把電話掛上
去接另一個電話
聽見總經理説
下班到玫瑰餐廳去
她對鏡
塗一下玫瑰色口紅
忽然發覺自己

也是一種貨色
　玫瑰色的
　　準時交貨

五、老處女型企業家

把世界存放在銀行裏
用支票支付歲月

她坐在旋轉椅上
把整座玻璃大廈
旋成一隻水晶球
四面八方反射著
　太陽的笑聲

帶著笑聲回房
脫下名貴的浪琴錶
時間忽然靜下來

浪無聲
琴也無聲
燈熄後
只有那襲綢質透明睡衣
抱住一個越來越冷感的夜

六、大衆牌情婦

只要那地方
不設門牌户籍法院與禮堂
即使靠近懸崖
給她一張床
讓她心驚肉跳
她也敢把天翻過來睡

不必向公婆問早問晚
也不必餵乳
她較所有的新娘

都能一次又一次密造出最蜜的
蜜月

一九八三年

一個異邦女郎

一個異邦女郎
帶著古希臘的鼻子跨上巴士
視線們便用鐵欄干
　　將她如一幢美麗的別墅圍起來

映在海藍色窗裏的　一定是南美了
被一羣浮在黃河上的蒙古眼死死盯住
盯得周圍沈寂的空氣幾乎吹出哨子來
當海藍色的流動窗　無意中轉向右
右邊那位本地男子
　　驚喜如觀光旅社的老闆
　　　　窺見一隻客船直向港灣開來

　　便升滿紅領帶的旗
倒是怪車長到站時用煞車過多
才把那羣眼球似一堆彈子
　　撞的滿車亂滾

一九五九

拉蒙娜

拉蒙娜　上帝造的河流
當人們眼睛的平底船
　划入你急流的灣處
一股熱風便醉紅了曠野的臉
　在太陽脫光的酒吧裏

拉蒙娜　你百種媚態飄在都市的風向上
交集成有手的繁枝　撥弄「原始」的豎琴
　鳴響著火焰般燃燒的語音

當一千道紅門在你眼中急轉
拉蒙娜　你的眸子是輪盤

人們死死盯住骰子
轉到最後靜止的點數

一九五九

S女郎

那叢水旋
有著看不見的精細的齒輪
　　　　　　　入目時
天空也感到山的流動的曲線
　就是那叢已流散的水旋
　　在遠去的重重的迴音裏

如此的旋進旋出
如此的擺來盪去
　一想起船與鞦韆
事情便口直心快如不會説謊的六月
只要是蟬聲　便去啄亮那輪
　　　　　　　明麗的夏日

一九六〇年

S女郎的唇

這兩張帆
無論是風和風急
船與海總是在一同起伏

到了象牙海岸
海鳥吱吱叫
太陽磨得沙灘好燙
　　　使海發跳
一波動　帆都插到浪裏去
　　　沉船是海底之花

一九六〇年

都市的五角亭

他死拉住都市不放，
都市也死拉住他不放。

一　送早報者

「昨日」沒有被毙掉
「昨日」坐印刷機偷渡回來了

那是在牛乳瓶的聲響之前
安娜還未游出臂灣之前
他的兩輪車衝在太陽的獨輪車之前
「昨日」像花園被他搬了回來
人們的眼睛擦亮成瓶子
等著插各色各樣的花

文明開的花　炸彈開的花
上帝愛看或不愛看的花

二　擦鞋匠

他與他的工具箱
坐成L型的吸塵器
坐成一小小的沙漠

在風沙裏
他的手是拉不斷的繩索
　將一隻一隻運陽光的船
拉上路時
他已分不出自己的手
　　　　　是帆
　　　　　還是仙人掌

三 餐館侍者

總是將身子彎成
　方向不對的V形
讓那隻停在白領上的黑蝴蝶
　　飛出一位編號的紳士來

在白蘭地與笑聲湧起的風浪裏
遊艇與浪花留一些美麗的泡沫給他
對著滿廳紊亂的食盤
他摸摸那隻飛不進花園的黑蝴蝶
　摸摸胸前那排與彩券無關的號碼
　摸摸自己

他整張臉便被請到燈的背面

四 歌女

天一黑

某些東西不是找她按摩
　　便是接受她的電療

在那一擊便著火的空氣裏
她是一隻RONSON牌打火機
夜是一支大痲煙

聲喉一伸
便伸成市民常去散步的那條路
那條路往前走　是第五街
　再往前走　是她的花園
再往前走　是她花園裏的噴水池
再往前走　是那死在霧裏的廢墟
　　荒涼如次晨她那張
　　　被脂粉遺棄的臉

五　拾荒者

為嗅到亮處的一小片藍空
他的鼻孔是兩條地下排水道
在那種地方　還有那一種分析學
較他的手更能分析他的明天

背起拉屎的城
背起開花的墳地
他在沒有天空的荒野上
　走出另一些雲彩來
在死的鐘面上
　呼醒另一部份歲月

一九六九年

都市三腳架

一、建築工人

他把樓頂與天頂
　不斷拉近
讓發亮的皮鞋們
將電梯當天梯
　踩上去

拖著泥漿的雙腳
他不像飛鷹
便從鷹架上
　爬下來
同

二、馬路工人

黃
昏
累
著
回
去
抬頭望高樓
燈光排星圖
低頭進土屋
他看自己與
米酒
鹵菜
在排著昨天
今天
明天

為聽歲月的輪聲
他把肉體骨骼
　鋼筋水泥
都聯想到路裏去

從他手中出去的路
每一條都跑來
　千萬條
千萬條路中
他只記得一條
至於通不通羅馬
　到不到天堂
他都得在午餐晚飯前
　　　　收工
騎上車
擠進塞車的

十字路口
去搶出口

三、玻璃工人

窗是湖
水晶大廈是海
他不停的造湖
造海
讓都市划著
波光
浪影
走進更輝煌的城
眼睛亮起天國的夜市
有人在歐式化粧鏡中
看一朵朵明麗
飄著香水來

他入睡
也夢見自己的臉
在自來水中
沖洗著歲月的落塵

一九八五年

垃圾車與老李

一

那塊非肥皂
把圓環的頭
　廣場的胸
　街道的腿
　巷街的手
　後車站的背
洗得乾乾淨淨
都市　從老李流動式的浴室中
　　　　　　　　走出來
　　　　　　　　容光煥發

二

老李與街市一同開車出遊
房屋的肛門卻一路拉著便
　　這裏一堆
　　那裏一堆
兩旁還會有什麼風景
車兜了幾圈之後
那根本就不像車了
一輛福特牌轎車
　刷的一聲從旁邊經過
　　直喊它是溜出來的廁所

三

餐廳用燈光與酒
　種植著夜來香
老李把殘枝枯葉

播在廢墟裏
耕作著那座自己專享的花園
春不來　蝴蝶不飛
連鬼也不來
他常來
來多了
在夢裏也拚命呼吸著
天堂的氣息

四

鑽石雕著鳳眼
寶石雕著芳心
米開蘭基羅雕著天堂的光
老李把破銅爛鐵
倒在廢墟上
塑造著都市的背影
歲月的背影
自己的背影

一九七六

礦工—光的牧者

推開天堂的另一扇門
　　沒有歌聲
　　光都在睡
　　每走一步
　　碰一下壁
頭不斷從岩層裏通過
　光便一路醒過來

原來你們也是光的牧者
神父穿上黑袍
　用十字架收割天堂的光
你們穿上最陰暗的土地
把山背成另一座十字架

讓手臂與樹根糾結成荊冠
　骨頭與石頭碰出鐘聲
天堂的光便從你們
　古銅色的臉上
　　反射過來
鐵錘唸著禱詞
汗水流成聖水
世界在受洗
歲月在受洗
而洗不掉的是你們身上
　那些最光潔的黑
被電視機看成
　另一種煤
另一件聖衣

註：看電視臺「印象之旅」所拍攝的礦場實況紀錄片，任誰都會感動。幾乎把礦工的生命質感與形象，全都表現了出來。那污黑的堅硬的體膚，同煤與岩層相映照、臉紋與石紋相

交織，尤其是那被煤與污泥塗黑了的「頭像」，從洞口昂揚而出，在緩緩地旋動的攝影鏡頭裏，的確像是一個個滾動的煤球，燃燒入歲月；不！那簡直是發光的金屬體，有點像星球。

我寫此詩，確有些感想，我認為詩人在創作時，應是基於眞正的良知與感動，把詩寫好，而非把詩寫得不像詩，去服役不正確且偏狹的文學觀。所以我反對有些人所強調的「工農兵」文學，但這不表示我不採取工農兵的題材入詩，我主張詩人與藝術家應以開放遼闊的心境，從各方面去對宇宙萬物的生命予以關注。更應有深一層的智慧去體認「人」——「人」只是生存在不同情況中的生命體，譬如礦工挖礦、農人種果物、商人賣買商品、醫生醫病、老師教書、公務員辦公……都各有其價值與貢獻。

所以我寫這詩，是站在「人」生命的水平位置上，被一些偉大感人的東西所引動而寫的。那就是礦工也是我們人羣中的「人」，他在陰暗的礦底，接受生存最堅苦的考驗，所表現出「人」在體能上高度的耐力、在意志上高強的毅力、在服務人羣上的犧牲精神，是超過常人，而且的確非凡與可敬。

一九八〇年

老法蘭德

這條路　不裝置風景
鐘擺來回的獨腿也飛不起來
　人們外出　總是把別人愛聽的話
　　如舊衣服曬在嘴的露臺上
總是帶著那破洋傘似的笑　張開又收起
僅為了一些劣等煙草與一盤便餐的叫喊
老法蘭德坐在公車上　已可繞地球不知多少回了
他大半生也交給守墳的人
一臺舊印刷機　今天翻印昨天
一雙抖手在黑暗中摸不著範圍
老法蘭德昏暗的雙目　如老站長的手提燈
　在雪夜裏靜候最後一班車入站

一九五八

手術刀下的連體嬰

一

麻醉中的小小的心
美如酒中的那顆櫻桃
紅得可見血在流

昏迷中
天國是隱約在霧裏的
那盞燈

二

第一刀下去
是破土

兩座生命建築
在改建中

第一刀到底
地球切開兩半
　仍在轉
樹劈開兩邊
　仍在長

三

沿著刀鋒下去
那是一條逐漸分流的血河
只聽見弟弟在叫
　哥哥快游過來
連岸也不知往那裏靠
四周沒有回應

漠野上　只看到兩輛獨輪車
死死相追　苦苦相隨
天堂較夢遠
路比風雨茫
往前走
前面是比薩斜塔與巴黎鐵塔
再往前走
前面是輔業中心與殘人院

一九七七

地攤

是誰沿著我住的
那條街巷
劃著兩條色彩鮮明的
生命線

儘管被烈陽溶掉
被大風刮掉
被雨水沖掉
它仍在次日的晨光中
昇成兩根弦
把整條街巷
又拉成那條大家唱的歌

也許我的眼睛住在四樓
　高過了那歌聲
只看到一幅畫
　畫中一羣走索人
　　趕著烈陽
　　趕著風
　　趕著雨
　　趕著路

一九七六

睡著的白髮老者

雪峯上
獨有時間老人的杖聲
　　沿著峯下古老的冰河
一切皆已沉墜　沉墜
再也聽不到年輕獵人的槍響了
在名片與薪水袋裏摸索
他已摸及那扇門　於靜與靜的默視之中

死亡在試演一次假戲
陰冷的臺面上　已無可抓的景物
除了上古的蠻荒
　　以及原始的空曠
神啊　當鍋爐冷了　風停葉已落盡

人的詮譯　只是一隻謙和的手
在胸前所迅速顯示的一個符號？

一九五八

速寫靜坐書桌前的詩人

靜坐書桌前
時間是一片翠綠的桑葉
　給秒針的滴答聲
　一口一口的蠶吃著
他連忙用筆尖擠出來的
　一顆顆字粒
　去填補它

一天天一年年下來
時間已變成那棵
蠶吃不了的桑樹

筆尖下的無數字粒
也換到星空裡
去亮相

一九八七

與天同遊的詩人

你不是從那些煙囪裏
　　製作出來的煙
也不是在低高度
　　走動的霧
你是以整座太陽的熱能
　　從大地輻射
不斷向上昇華的
　　雲
在N度的透明空間裏
　　與天同遊
地上乾裂髒污時
便降成大大小小的
　　雨

當那些人在各種
　　公用浴缸
　與游泳池裏
掀起嘈雜的聲浪
　　與熱潮
你獨坐山崖上
看雙目的兩輪車
奔馳在沈寂的水平線上
　　整個海
　沒有聲音

一九八七

看世界足球賽

——給阿根庭世界球王曼拉杜那

全世界的電視
都在看他
他帶著球跑
地球與千萬隻眼球
也跟著跑
他把球停下來
世界也停下來

踢一個高球
阿根庭的天空便一直藍上去
踢一個遠球

阿根庭的原野便一路綠過來
踢一個彎球
山與天空便沿著弧形跑
踢一個短球
將世界拉近
直衝過去
他是黃河之水天上來
　擋不住的一條急流
　　隨波逐浪
追住那顆美的落日
　　進門

其實　曼拉杜那
他的腳也是神來之筆
在眾目中寫著一行行
　空前的好詩

一九八八年

郵差

綠色與春天與希望
　一直有連線
你們在陽光與風雨中
奔走成一棵棵綠樹
很快被春天與希望
　　認出來

一路打開來的世界
　是創世紀
　是末日
你們都守信　閉口不說
它再金碧輝煌　天昏地黑
你們仍是那一身綠

同春天
同希望
一直保持連線

一九九二年三月

受擊的太陽

——獻給負傷的詩神

擊祂以窗
　以花蕊
　以鳥翅
擊祂以整個海
　整個原野
　整個天空
祂便會無限地開闊與
　　發光
以鷹鷲之翅編日蝕之書
以蝙蝠之翅編黑夜之書

將藍天倒轉來摺成書面
祂即使瞎成荷馬
仍聽見那密集的鞋釘
在祂身上磨出的聖樂
仍奉著韓德爾的彌撒亞
成為禮拜日的鐘聲
使世界跪拜下來

一九九一年十一月

升起的河流

·悼詩人屈原·

冰層裂開的聲響裡
春天反而往下陷
春天被傾斜的太陽說不成春天
你怎樣也扳不回太陽的斜度
便將心碎成汨羅江上的浪花
撒到最高最闊的天上去
成為星海

潛入最深最靜的江底
將臉貼著最清最潔的水流
風鈴聲滑過原野

寧靜了滿天的藍
你以光的姿式睡在銀河上
睡成歲月
睡成純淨的時間之軀
睡成一面鏡

戴奧尼索斯站在火的藍焰裡
蓮花開放在透明的氣流上
芬芳到花之蕊
深遠到海之心
聳高到天之頂
遼闊到地之外
你是那聲那色那形那貌
於千山萬水之間成為視聽

天空坐在鳥上　瞭望是你之目
遠方坐在迴響裡　聆聽是你之耳

你是那條在我們體裡
　發出水聲的河
千隻雕龍的船划入神話中的故事
萬槳之翅將你飛成永恆

一九六九

藝師大師——米羅

米羅　是你帶著萬物
回到純純樸樸
自自由由
原原本本

沒有你
空間從那裏去看起點
時間到那裏去聽回音
生命如何認出自己來

你的線條
將世界放得好高
好遠
一路看不見紅綠燈

槍彈砲彈也追不上來
再過去
是無限
再過去
是永遠

你的色彩
紅透了太陽
綠透了原野
藍透了天空
都是從自己那裏
　　　美出來
美入大自然的臉
美入宇宙的眼睛
最後　都美回原來

你的造型

造起一個個開心果園
　一個個玩具國
一個個說童話的夢境
只同生命定合同
與原始簽約
最後　統統交給永恆收藏

註：「米羅」大展，吸引千萬的觀衆，盛況空前。本人因應市立美術邀請，做一場有關米羅的專題演講，便深入探索他創作的內涵世界，不但發現他藝術上的偉大成就，而且他的思想與心境，也較尼采感人：因爲他已超越了尼采的悲劇精神——由激烈變爲幽默中的諧和。

一九九一年十一月

香江詩抄

一、漂水花

——贈詩人余光中之一

我們蹲下來
天空與山也蹲下來
看我們用石片
　對準海平面
削去半個世紀
一座五十層高的歲月
　倒在遠去的炮聲裏
　　　沈下去

六歲的童年
跳著水花來

找到我們
不停的說
石片是鳥翅
　不是彈片
要把海與我們
　都飛起來
一路飛回去

二、堤上行

——贈詩人余光中之二

長堤拉住
　兩邊的水
兩頭的山
走入風景
水看山高
山看水遠
看到世界

無
邊
無
際
時
鳥飛水去
雲浮山來
叫聲高闊與久遠
風景便順手推開
照相機的快門
走進故宮的
山水畫

註：七十三年應港大黃德偉教授邀請赴港大演講，曾與余光中教授同遊九龍「船灣長堤」等風景區，並作擲石片遊戲。後來余教授在聯副以「堤上行」與「漂水花」爲題，發表贈詩兩首。有感，也以同題目寫詩兩首，回贈余教授。

一九八四年

現代藝術的啓航者

——悼前輩藝術家李仲生先生

你曾指引「五月」與「東方」
把故宮的兩扇門推開
將古老的山水放出來
穿上陽光的新衣

你曾帶著他們
走出眼睛
流動在河之外　看河
波動在海之外　看海
飛在鳥之外　看鳥
飄在雲之外　看雲

遼闊在天空之外　看世界
你曾提醒他們
　來回塗抹自然的外形
　　畫布會暗成牢房
　　　僵死成停屍間

你曾教他們
用一滴藍
　佔住海與天空
用一滴綠
　佔住山與原野
用一滴紅
　走遍春天去看花
用一滴白
　把世界全空掉
用一滴黑
　叫萬物都睡去

該說的　你都說了
該做的　你都做了
最後你累倒成一顆　落日
　　　平平靜靜的
　　　把光移交給
　明天爬昇的太陽

一九八六年

註：中國現代繪畫，在拓展豐盈與滿足這一代中國人視覺的美感生活，所呈現的功能，是可見的，這份成果，李仲生前輩，顯然是被公認的「種樹人」，他的確是中國現代藝術一位可親可敬的啓航者與護航者；他對藝術的意念、狂熱、執著，以及對年輕畫家的愛護與提攜，尤其是他終生做爲一個嚴肅藝術家的修行與風範，是藝壇朋友所樂道與尊崇的，謹以此詩追念他對中國現代藝術的重大貢獻。又詩中的「五月」與「東方」就是指「五月畫會」與「東方畫會」。

無所不在的海

——給林壽宇等超度空間的前衛工作羣

海的空間
解構成無數的浪的空間
一波波永不止境的
　　　存在與變化
直至世界空靜下來
走出東西南北
一個無邊無際的白色空間
便再度舒放出另一個
　　　無所不在的海
此刻　眼球上

出現另一個哥倫布
運著空間中的
空間中的
超度空間
在前進的永恆中
航行

註：國際知名藝術家林壽宇影響下的超度空間藝術工作群，在人類眼球上對視覺空間進行探險，具有哥倫布探險新大陸的精神。我曾爲他們的「異度」與「超度」兩次空間展寫展出畫冊序言。

一九九〇年

大自然的建築師——莊喆

每一滴墨　都是鳥聲與泉音
　　　　可驚動整座山
每一塊墨　均被空間坐成
　　　　久遠的土地
每一根線條　均被時間踩成
　　　　千蹤萬徑

山在雲裏走　越走越深
水與天同來　越來越遠
高處茫　低處幽
鳥飛不見翅
林茂不見樹
石變不見形

河在不流中也流
雲在不飄裏也飄
眼睛要是再看下去
山與雲一體
水與天一色
大地只留下那片絢麗的蒼然
天空只留下那朵幽美的渾然
眼睛要是再看下去
　見不到永恆
　　便不回來

註：莊喆於九月四日起，在龍門畫廊展出他的二十多幅新作，料必給畫壇帶來無比的振奮，因爲他每次展出，都有令人滿意的進境，這次展出據說是緊接著他明年返國在歷史博物館舉行回顧展的前奏。謹以這詩，對他二十多年來一直忠實於藝術的精神，表以敬意。在中國現代畫家中，如果說蕭勤是把大自然繁富的內涵，濃縮簡化到本質性的單純感與精深感，而矚目畫壇；則莊喆便是以氣勢、渾厚、壯闊、深遠華美與玄思的畫面而屹立畫壇的。

一九七八

輕快與明麗

給抽象畫家——陳正雄

春天　用他的線條
　　　　牽著鳥
　　　牽著流泉
　　牽著波光漣漪
　牽著藍天碧野

他的色彩被春天
　用來染山
　　染水
　　　染樹

染花

春天用明麗換他的色彩
他用線條換春天的輕快

註：畫家陳正雄善於運用富音樂性的色彩與線條，享譽國內外畫壇。

一九八七年十月

上帝的玫瑰城

·贈給修女柯美雪教授·

在酒之外　尼古丁之外　跳舞的城之外
她的笑容是照在天堂周圍的燈亮了

靜穆的黑森林裡
藏著一對藍晶晶的湖
　從未被遊艇與槳聲驚動過
我們圍坐在湖邊
　像鏡框圍住一面光潔的鏡

要是她那流泉般的話音
把那些明麗的湖色

流回那製造酒與尼古丁的跳舞的城
她的笑容將鋪成聯想的夜
　那時上帝可要寂寞了
而在她胸前那條鍊牌所形成防禦性的圍界裡
她是一座禁止觀光的玫瑰城
　一幢不開放的別墅　在靜穆的黑森林裡
　　在跳舞的城之外　尼古丁之外　酒之外

註：政大柯美雪教授造訪我的燈屋，並邀請我與蓉子到她班上講授詩的創作，那晚陪同柯教授來的，尚有林綠等星座詩友多人，聚談甚歡，後來柯教授寫了一首詩送我們，我亦寫這首詩相贈。

一九六九年八月

你身由己

給摯友——JHON-SY

人在江湖
你身由己
豪情奔放時　便去成江
　　　　　　江水全是酒
緘默寡言時　便凝靜為湖
　要說　　　讓江去說
　　　　　　讓酒去說

跑遍大江南北
揮盡山色湖光
將天地線當腰帶
你帶著天與地

人與酒在走

走來當初
走回原本
自自在在
心隨意去
飄逸的是酒氣
凝重的是義氣
世界再歪
你人直在那裏
歲月看見　我看見

註：JHON SY同我結交近三〇年，他一生不帶「名片」，只帶「眞人、眞情與酒」，他是性情中人，有是非感，有義氣，故以此詩贈之。

一九九二年一月

用傷口獨飲

——給U. SAM

餐桌上那杯紅茶與三明治
這簡單的結構與組合
別人看來只是捷便的午餐
在他憂忱的眼神中
三明治竟是彈片夾肉
紅茶仍淌著血
整張桌面與他的臉
突然變成逃亡的荒地
歲月一直定居不下來
路離家越來越遠
他的腳步越來越慢

將苦憶調在茶裏
他用傷口獨飲
望著空茫的窗外
只有IOWN的落葉
　　聽見他的嘆息

註：U. SAM是我在美國參加「國際作家交流會」，認識的一位流亡作家，他飄泊在美。

一九九二年十一月

塑像的舊憶

我們用車
裝上廿年的記憶
倒在你的墳前
為塑造你的半身像
四面的山圍過來看
風翻著地上的落葉
　一片片在問
都說山空人不在

有人看見你
仍抱住胖胖的詩刊
　從小麵館裏
瘦著出來

而更瘦的是清明節
　山中的風
　山中的雨
　山中的人影

眼睛都在城裏
將像塑在山中
　給誰看呢
如果是靠近公園
讀童詩的小朋友
走過來叫聲覃伯伯
跑過去喊聲覃叔叔
回音會藍過了天空
壓低整座城的喧嘩

將像塑在山中
你是一面堅冷的石鏡

照山
照水
照自己
什麼都看
什麼都不看

註：詩人覃子豪先生，終生爲詩，省吃省用，來辦詩刊，臨終時，仍囑友勿將「藍星」停了。今年是他逝世廿週年。爲他墳前多年未完成的塑像，筆者約請著名雕塑家何恆雄教授前往三峽山中墓地察看，希望能將這座塑像完成，察看回來，有感而作此詩。

一九七二年十月

龍鳳相追隨

余氏是革命烈士彭楚藩之妻，夫婦情深如海，當楚藩被捕，上斷頭臺，從容就義，余氏隨他跳樓自盡，與夫永在一起，此情此愛，實在令人迴腸盪氣。

妳的容貌
　是綺麗的江南
哀愁比霧水冷

為家
妳有不盡的柔情與溫順
為國
妳的絕美與賢淑
　滲入了感人的憂思
讓愛的淚水

聖潔楚藩手中的劍
甜美楚藩悲壯的心

八月十九日
當楚藩成仁在清兵的血刀下
　頭落成革命圓熟的果實
　　響起歷史的迴聲
妳站在高樓上　看見一條龍
　在夕陽染紅的江水中昇起
　　　向妳飛來
妳便了無牽掛向空中跳去
飛成一隻鳳與龍相追
　　　相隨

一九七一年五月

青年節

——紀念黃花崗七十二烈士

上帝選中你們
是因為你們的身體
　也向十字架的位置移動
頭美如天堂的圓頂
血紅如天堂的地毯

頭墮下　七十二個星球
　在祖國的天空裡昇起
血流乾　七十二條河流
　在祖國的原野上奔動

身體倒下　七十二座山
　聳立在祖國的大地上

在你們長眠的雙目中
　放著兩本聖經
　　一本「正義」
　一本「真理」
給青年人看
給所有的人看

一九七二年一月

一生想變「白」的李黑

一瓶XO
站在鑽石燈下
　　看他醉
醉來幾道好菜過後
他竟把死在湯裡的魚
　　當作水中月

爬上脂肪浮起的肚峯
他坐電梯下去
既不是黃河之水天上來
手中握住的555牌香煙
又直不成大漠上的孤煙
他便大搖大擺　一腳

將長安的石板路
　踢進了地下街
在那種背光的地方
　　老是拐彎抹角
　　　東歪西倒
天色又越來越暗
「李黑」的臉怎能變「白」

一九九一年八月

「丁副官」的身世

在替別人開車門時
　也看自己的出路
在替別人提皮包時
總不忘將自己的皮
　先護著皮包的皮

叫一聲「丁副官」
他回答一聲「有」
有上臺領獎的快活
也有身被出賣之苦

一九九一年六月

一座走動的大自然

——給詩人公劉

一

你是一座走動的大自然
曾走過轟炸機加蓋的天空
　彈片落葉鋪滿的路
　停下來的　是死亡
　走下去的　是血淚

從前後左右亂殺的刀槍裡
　你逃出來
像一次又一次無辜
被電擊雷打的天空

過後　仍然風和日暖
　　給原來看

叫歲月
　從你雲遊的長鬚與步履中
　去找出刀槍的血型與行跡
　　　　　　何苦呢

倒不如去問
那座沉重的山
　是如何苦苦走進大理石的紋路
那座風浪的海
　是如何苦苦老入蒼然的岩層

二

任紛亂的言詞
　　槍林來
　彈雨去

歪了歲月的嘴
把世界胡說成
　哈哈鏡
　面目全非
而你仍天藍地綠
　天高地遠
直成大漠的孤煙
圓成長河的落日

看累了不同的印章與規章
　在一張紙上印來印去
你的腳印　仍一直印在那張
　古樸絢麗的風景上
　　給山看
　　給水看

你是一座走動的大自然

遙望都市的五顏六色
理容院的假臉
櫥窗裡的假人
廣告牌上的假像
計算機上的假心
你能說的也只是一身的
率真與質樸

當整座城
從大街小巷
衝上高速公路
追著明天跑
碰上塞車與連環車禍過後
便是警車救火車救護車
急著把人與路救出來
叫文明坐在油污與殘骸中
垂頭喪氣

而你仰首　是青天
　俯首　是碧野
雙腳早就交給江河
如果走山水的路
還不夠自由開闊
便只能追著風
　飛到鳥道
　　雲路
　去找你了
再找不到
還有詩

後記：寫完此詩，有些話要說出來。關於詩人公劉，是因我寫了一首長詩「時空奏鳴曲——遙望廣九鐵路」，他看到，也回應了一首，而彼此是先在心中而不是在見面才認識的。去年海南大學舉辦我與蓉子的研討會，他從安徽飛海南，中途換機，在機場苦等了十小時，深夜才到，旅途勞頓可見，而且還寫了論文。

我寫此詩，除了感謝他的盛情，更主要的，是他作爲詩人的眞摯的生命形象，感動了我。幾乎不用看他的詩，也直覺到他是詩人；而且他是一位具有人道精神、世界觀與透視力的智慧型的詩人，能掌握詩的終極力量，超越苦難的年代與物質文明的世界，進入大自然與宇宙原本的生命結構，去把眞正與原本的「人」找到。此外，從他的身上，尙可嗅到中國文化人以及人文歷史那股濃重的苦澀感。

一九九四年七月六日

II 抒情詩

螺旋形之戀

在我的燈屋裏，唱盤旋出螺旋形的年輪；音樂旋成螺旋形的心靈世界。螺旋形，深且看不到底；進去，也不易出來。所以，螺絲釘便是屬於那種堅定與釘了而不易拔出來的東西。而這種戀，究竟是屬於那一種戀呢？是對愛人、對生命、對整個世界與宇宙之存在嗎？都任你去想吧！

門窗緊閉　示以堅然的拒絕
簾幕垂下　完成幽美的孤立
外面是消失在遠方的風
裏邊像波流涉及岸
全然絕緣後的觸及
是驟然在空氣中誕生的鐘之聲　電之光

這一塊純美的空間
養一林鳥聲　著滿天雲彩
在目之外　座標之外　門牌之外
被鑽石針劃著大理石與水晶的紋路
　連耶穌的芒鞋也不知它通往那裏
透明似鏡　光潔似鏡
我便愛人般專情　順著旋律的螺旋梯
　跌入那把握不住的迴旋的傾向裏
直至心抓穩了那快活的死　我方醒來
鳥目　醒在一樹綠色裏
一幢別墅坐著夏日明麗的花園
讓那光輕輕地從葉縫裏灑下來
讓那景靜靜地風景著視境
讓那聲無聲地在那聲裏迴響
我已感知那靠岸的汽笛聲
　探視的眼神沿著紅氈已找到那顆鑽戒
怎樣也流不盡葡萄園裏的甜蜜

怎樣也看不停噴水池裏的繽紛
　拾不完睡嬰醒時眼中的純朗
驚喜得如水鳥用翅尖採摘滿海浪花
滿足得如穀物金黃了入秋的莊園
當音樂的流星雨放下閃目的珠簾
世界便裸於此　死心於此
　像含情的眼睛裸在凝望裏
　　綠蔭死心在光與葉交纏的林中
多麼豪華的幽會
在凱撒與上帝都缺席的那次夜宴裏
我輝煌的神　以我的眼睛為座椅
電唱頭不停地啃著唱盤裏不死的年輪
一顆螺絲　為掛牢一幅畫在心壁上而鑽出聲來
一個渦漩　為扭斷鐘錶的雙槳而旋轉的不停
沉靜的光流自燈罩的斜坡滑下
我的臉容是一塊仰首在忘懷河上的岩石
透明似鏡　光潔似鏡

收容一林鳥聲　反映滿天雲彩
划入眼睛的藍湖
燈入罩　臉罩紗
景物以乳般的光滑與柔和適應我的視度
迴旋樂以千槳搖不醒我的醉舟
圓舞曲盪水波成圈　繞花朵成環
我便昏倒在那看不見圓也看不見弧的圓弧裏
　如太陽昏睡在旋轉不停的星系中
再也看不清聖誕樹與火藥樹開的花
只感知那隨著你無限地去的遠方
　　是一隻在睡中也飛的青鳥
　是浪都飛成翅膀的那個海

在那無邊無底地迴旋的空間裏
純淨得連空氣都出去　眼睛也隱入那深深的凝視
永恆此刻不需襯托　它不是銅與三合土揉成的

也不是造在血流上朽或不朽的虹橋
它只是一種無阻地旋進去的方向
　一種屬於小提琴與鋼琴的道路
　一種用眼睛也排不完的遠方
　一種醒中的全睡　睡中的全醒
一種等於上帝又甚於上帝的存在

一九六四

小巴黎狂想曲

一

從羅馬驅車回去
小巴黎　我晝夜反復深思的玫瑰城
　　輕車　飄裙　裸腳　追姿　交響成夢
再次回歸　玫瑰城底埋著我不眠的深願
再次回歸　去摸響你緋紅色的門鈴
你柔美的短髮　剪如鳥的翼膀
拍擊著花季裡香香的海流
兩隻纖細的手被不死的春天死死纏住
眼波疊成層塔　疊成鋼琴的城邦
百葉窗裡　百靈鳥不斷叫醒黛綠色的清晨

早安　提花籃滾著鐵環的小巴黎
你的美貌是春天明麗的梳粧臺
太陽租住在你眼睛的小閣樓裡
海波湧在顫動的胸脯間
你的笑聲　方方的
如方糖落響在聽覺的高腳杯裡
甜乳便自心的圓杯中不斷流出
流成河　流成溫泉
流成海倫裸浴的愛琴海

小巴黎　我紅磚砌成的別莊與夢谷
紫羅蘭與丁香花將蔓延成蔭
你別再牝鹿般的溜躲林中
在向東的玫瑰園裡
我的箭將吻盡你的蹄印
呼吸到你的呼吸　注視入你的注視
凝望與天地線已排成好看的等待

只要你的美目如風車轉動
　　禁城的鎖鬆掉
桅燈便會由幾千里遠的霧浪上浮現
　帶來一船威尼斯城的狂想
　　滿艙布拉姆斯的琴聲

小巴黎　我的礦將在你翠綠的山底盤結
　結成金屬　結成華美的永恆
站在心的九曲橋上　沉思的迴廊裡
我用滿屋寂靜圍獵你的幻影
用一修道院的靜默
　守望你的迴響
　　你的步音

二

三十朵玫瑰　仍遺留在夏日微溫的沙灘上
太陽在左　海在右

小巴黎　你是一隻飾著浪花與波光的金絲雀
火曜日　鎖被燒斷
玫瑰城門將內景開放
你守密的吊橋被潮水拉下
　　我探步的絲絨鞋
　　舐住聖母峯上溫溫的月色
　　感知日出的時刻
小巴黎　在那一剎間　我把地球送你
　　　　　　　　　　　你送不送我月球
兩個世界躲在一個世界裡　以話線縫合
電話亭　已成為甜美的言語之樹
　　綠遍園林　結滿蜜菓
　　　　　　鋪成鳥道
小巴黎　當燈被兩扇窗關住　光仍透明

弦線與琴弓之間　　已形成樂音華麗的走廊
那唯一的秘密便也在兩個秘密裡長大
　　直至玫瑰城在光中升起
　　　在海底睡去

當繁花的四月戴起面紗
小巴黎　你是一隻纖秀的白鷺　拖著長長的尾巴
　以踏幻的步　向夢走去
我觸及往昔　記憶的門像在風中不停地轉
　轉向藍藍的海景　轉向打蝴蝶結的歲月
三十朵玫塊　仍遺留在夏日微溫的沙灘上
太陽在左　海在右

假期

被風捏住的那輛特快車
　　刀般
將大地像一隻水蜜桃破開
　淌甜美的汁在風景裡

開麥拉的彩色軟片
　是一條被陽光引向南方的花園路
眼睛走深了
　雲朵與楓林也被看成白紗與紅氈來啦
數百哩長的那條錄音帶
　繞著車輪轉　繞著旋轉的風景轉
海天的藍色的語言
山林的綠色的迴音

還有妻子的笑　將整張臉
　　笑成豐年裡的田園
還有鳥與遠方　搖籃曲與圓舞
在車窗外說出旅行的樣子

一九六三年

曙光

——給蓉子

劃黑白線在時間跑道上的白衣女，
牽著歲月的白馬遠行，妳容態端莊嫻靜，
閃動的白衣裙遙在天邊不可攀。

注視維納斯石膏像的臉，
我刻劃妳的形象，
傾聽蕭邦的鋼琴詩我跟蹤妳的步音，
天上亮著星月，地上明著燈火，
遍找不見妳的蹤影。
在夢裏，一支金箭射開黎明的院門，
妳倚在天庭的白榕樹下，

我雙手撩開妳夜一般低垂的黑髮，
盯住妳美目流著的七色河上，
太陽正搭著黃金的橋通入白晝的宮殿，
妳把華美的世界裝入藍玉與翡翠的圓盒，
我在年華中便永遠凝望著一幅不朽的畫，
　默唱著一支聖潔的歌，
　細讀著一首絢麗的詩。

一九五六

給「青鳥」——蓉子

·寫在結婚三十週年紀念的四月·

一

這一天
因妳要來
整個天空
停業一天

地平線上
只有一座三十層高的
　玻璃大廈
望在透明裏

天空的層次很美
四月的坡度更美
風不快
海不急
妳啣住那支仍青翠的桂葉
飛來歲月的雙翅
一邊山
一邊水

什麼是靜
什麼是動
時間還會不懂嗎
世界就是閉上眼
也知道往那裏去

二

把妳每天用詩
釀造的白晝

泡好在那杯茶裏
將妳每日用筆尖
　裝訂的夜晚
堆滿在妳沈思的燈下
一聲晚
一聲早
日月已伴我們
　走了三十年

三十年
是詩說的
就讓詩回頭來看
白晝與夜晚
都一頁頁
疊在「日月集」裏
疊高成時空的「燈屋」

註：寫完此詩，我在妳一直對人善意和藹的臉上，仍可看出妳童時在父親禮拜堂剪草搖鐘與讀經的樣子。（「日月集」是蓉子與我合出的英文版詩集）

七十四年四月

加力布露斯

加力布露斯，
在靜靜的深夜裏，我祝福你，
你流落到那裏去了呢？
久久的，我失去你的音訊，像失去心中的戀歌，
就使我向遠地高呼你的名字——
親愛的加力布露斯，
而那激動的音響，在冷漠的大氣中終歸流散，
久久的，我等你從茫無邊的海上歸來，
帶回你往日的歡歌同快活的情思，
可是在那熟悉的碼頭上，我只是飲風淋雨遙望，
我的心是較深夜末班列車去後的月臺，更為悽冷了！
親愛的加力布露斯，
你是落星埋在不可到的遠方，

還是沉船淪入不可測的深海，
快快告訴我，你的芳影在那裏，
你的聲音就在風中嗎？
你的視線是否在陽光裏？
如果我不能再遇見你，
或者你回來時，我已雙眼閉上，
那時心會永遠死去，
黑夜在白晝裏延長，
海洋也會久久的沉默，
你知道歲月之翼，不能長久帶領我，
在生命的冷冬，我將跌倒於無救之中，
你為何仍遲遲忘返呵！
親愛的加力布露斯，
每當晨輝閃耀，
我便聽見你奔騰的馬蹄聲，在清早的林野裏響動，
每當星月臨空，
我便看見你牽著馬在夜色迷戀的曠野上漫步歌唱，

往日的歡笑如五月的暖風吹過我的心河上，
舊夢如泛光的雲朵，飄過我生命的晴空，
可是親愛的加力布露斯！
何時你方從春天裏回來!?

註：這首詩是我一九五四年發表的第一首詩，紀弦先生以紅字刊登在他主編的「現代詩」季刊封頁上。

一九五四年

單翅鳥

——蓉子返大陸探親（Ⅰ）

每次南下北上
車窗都把我們的眼睛
同藍空與綠野設計
　　在風景裡

天地坐車外
你我坐車內
總是一起上車
　　一起下車
今天我獨坐車上
旁邊的座位

有沒有人坐
都是空的
坐著我一生對你的思念

我知道你此刻也獨坐在
另一輛車上
旁邊的位置
有沒有人坐
也是空的
坐著你三十多年搬不動的鄉愁
誰會在旁幫你忙
望著茫茫的遠天
世界竟飛成一隻
單翅鳥

回到家
將燈屋所有的燈

都打亮
它們從沒有這樣
大聲的叫你與
問你

一九八八年七月

鳳凰鳥

·送蓉子代表女作家訪韓·

那是放鴿子與噴泉開放的日子
當花環環住我心中的夏威夷島
一隻鳳凰鳥
　便也在此刻輝煌滿了我的雙目

愛妻　**QUEEN**是印在紙牌上的
你是我眼中的鳳凰鳥
還沒有飛到目之頂點
太陽便提前用光猛擊你的前額
讓你的彩翅去華麗北國的天空

童時　教堂的鐘聲與風琴
　說給你聽的一切仍在
戴面紗的日子　「青鳥」飛向「七月的南方」
白朗寧夫婦也從百年前的英格蘭趕來
歲月在鐘面上划著玲瓏的雙槳
我的眼睛便永遠工作在你的眼睛裡
　為完成那種沒有距離的凝望

註：「青鳥」與「七月的南方」均爲蓉子之詩集。這首詩是我在她同小說家謝冰瑩、散文家潘琦君三位代表女作家訪問韓國時寫的。

一九六三年

日月湖海之歌

——給蓉子

一、日之歌

春日啊
要是青鳥不來
你照耀的林野
　如何飛入明麗的四月

踩一路的燦爛與繽紛
要不是六月在燃燒中
　已焚成那隻火鳳凰
夏日怎會一張翅

便紅入兩山的楓樹

將輝煌全美給秋日
那隻天鵝在入暮的靜野上
留下最後的一朵潔白
去點亮溫馨的冬日
隨便抓一把雪
一把銀髮
一把琴線
一把詩
一把相視的目光
都是流回四月的河水
都是寄回四月的詩

二、月之歌

太陽碰碎在海上
夜便把浪花

栽成一盆月
月光流來河水的溫柔
溫柔是一張海棉椅子
眼睛坐下來
　靜靜的看吧

望眉成山　山是光堆的
　　　　　那是勾月
望唇成海灣　海灣是光造的
　　　　　那是半月
望臉成星空　星空是光鋪的
　　　　　那是滿月

滿月是一壺酒
　也是一首詩

三、湖之歌

坐在山色中

你是不著顏色的那面鏡
照樹已見山
照雲已見天
就是照海不見浪
太陽到了這裏
　都變藍
藍得最深的是凝眸

坐在萬籟中
你是不著聲音的那面鏡
夜來群星唱
月出泉水鳴
花開原野動
果熟萬樹叫
叫得最響的是凝眸

坐在蓮心中

你是不著聲色的那面鏡
向外照　一朵青蓮
　　昇起多色層的天空
向內照　海是圓寂的谷　也是琴
　　河是彩虹　也是弓
　　風雨是漣漪　也是絃線
色調最美的是凝眸
音調最美的也是凝眸

坐在凝眸中
你是自光中流出的透明
也是在透明中流動的
　　那面鏡

四、海之歌

是誰把天空洗得那麼藍
　雲若不是肥皂泡

便是自目中漂泊出去的
眺望
美得像那朵遠方
遠方若是波狀的　只有你能雕出山的形象
遠方若是飛越的　只有你能雕出翅膀的形象
遠方若是迴旋的　只有你能雕出輪子的形象
遠方若是塔形的　只有你能雕出層次的形象
遠方若是不謝的花季　只有你能雕出花瓣的形象

為了山在不安中起伏
你收容那麼多逃奔的河流
為使樹林與天空都不是鳥籠
你把水平線拉出翅膀之外
當日月滾來滾去
你便是那隻獨一的輪子
當你燦爛成滿園花
太陽便踩著最亮麗的光彩

走進春暖花開的四月

註：我們的婚禮在四月，四月充滿了我們生命的記憶與聯想。

一九八〇年

中秋夜看月

——蓉子返大陸探親（II）

三十多年來
我們都是一同在燈屋的窗口
　　　　看中秋月
月亮的臉與我們的臉
　同照在光的那面鏡子裡
今晚　妳在離我千萬里外的故鄉
　　　　看故鄉月
　我在離妳千萬里外的異鄉
　　　　看異鄉月
我們的臉與月亮的臉
　相照在三面反光的鏡裡

（這絕不是圓圓的月亮要這樣
　是圓圓的炸彈要這樣）

燈屋裡
廿多盞燈　忽然不安起來
　　吵著要看妳
急得我只好讓雙目
　　往窗外叫
月亮還是被我叫動了
將它美麗的桂樹
給我看成心中的榕樹
這樣　榕樹與蓉子
不就有一字可找的連線了嗎
加上整個天空
僅留下一輪月
只要我想起妳從小
　一直溫和到現在的那張臉

又盯著月亮看
即使妳遠在千萬里之外
月光也會把妳帶回燈屋的窗前
同我與廿多盞燈
　在一起團圓

一九八九年九月十四於中秋節深夜

別離半個月後妳的臉

——蓉子返大陸探親（III）

別離後　妳的臉
從一張張被社會塗改的臉中
　　　　　　　脫出
　　　　　同天空的臉
　　　　　原野的臉
　　　　　大海的臉
　　　　　河流的臉
　　　　　日月的臉
一同在大自然的畫廊裡
　　　　　原版展出
站的距離越遠

眼睛自動裝上遙望與記憶的
　　　　雙鏡頭
　　　便越清楚

當凝視變成一支鑽石針
看的世界響成聽的世界
它已不只是那幅典雅的
《維納麗沙》詩畫像
更是一張虔誠的聖樂唱片
　　　伴著教堂的鐘聲
　　一路鳴響過來

註：《維納麗沙》是蓉子自我生命塑造的一首長達二百行的組詩。

一九八九年九月

為了等待一切都停下來

——蓉子返大陸探親（IV）

為了一個忽然失去的聲音
整個世界與我
一同跌進谷底
　　靜下來

靠近電話機
天天在等待

等待是唯一留下的兩個字
　　要我一直盯牢它
為了等待　一切都停下來
我能做的只是從早到晚

去照顧那越來越沉重的
焦慮與不安
所有的時間與空間
都空出來等待
整個白晝與夜晚
也輪流等待了好幾天
已累不過來

為等待那個失去的聲音
趕快回來
其他的聲音　請暫不要進入
這條電話專線

我要接聽的
是三十多年來貼著我耳邊
從未中斷過的聲音
要是斷了
天地走不在一起

日月走不在一起
晝夜走不在一起
歲月該如何走呢
燈屋裡廿多盞燈
還能為誰照
　放出什麼光彩
　　亮給誰看

註：蓉子九月十一日返大陸探親，她在上海的親友卻未接到她。十七日晚接到她妹妹從廣州打來的長途電話，說蓉子尚未連絡上。已是一個星期了，尚未接獲她回到江蘇漣水老家的消息。這是我有生以來，最感到內心擔憂與不安的一次。

一九八九年

日月的行蹤

踩滿地喧囂於腳下
獨坐高樓看雲山
山看你是雲
雲看你是山
山坐下來　連著地
雲遊起來　伴著天

一隻鳥把路飛過來
雙目遠過翅膀時
那朵圓寂便將你
　整個開放
寧靜中　你是聲音的心
回聲裏　你是遠方的心

江河流過你的血
心中那條萬古的長城
已衝出鐵欄干
進入天地線
完成那面最美的水平
讓風景一層層往上蓋
從窗蓋到鳥
從鳥蓋出天外
在這幢垂直的透明裏
你與光始終沿著直線走
　日的行蹤是那樣
　月的行蹤也是那樣

一九八二

海誓山盟

山不在身邊
海動來動去
那裏來的依靠
海不在身邊
山晝夜能與誰
一直攜著手在走

海與山不在一起
叫大自然站在什麼地方
　　去仰視與遠視
叫世界如何
　去睡與醒

一九九一年十月

給詩音樂與妳

妳來妳去　山連水　水連天
　留一種過十字馬路也拋不開的想
　　去悵惘那什麼也看不見的望
　　　　除了船尾的逝水
　　　遠天的山色

凝視較手更曉得如何去觸及
妳的嫻靜是睡在岩底的金屬
　輕輕一碰　便有一座鐘昇起
　　在仰望的高塔上

一首鋼琴詩　飛起一隻潔白的天鵝
一組交響曲　張開著孔雀的彩翅

一個開放如花園的下午　一隻運酒的船
當唱盤與地球在旋轉中昏睡過去
茵夢湖也睡入那彎成圓的臂灣裡
世界便成為流動的風　失去產權
而在妳眸子的藍磨坊裡
我是那顆死了也夢入妳田園的麥子

如形象入鏡　聲音從迴響中回來
我走進走出　在別人看不見的妳裡
以千窗也收不下那光景
叫玻璃也說不出那透明
當太陽跑來向妳眼睛問路的那一剎
我便坐在妳美目的旋轉椅上
　去對天堂的方向

一九六九年七月